D1692717

Schrag Enz/Klette †/Messinger

Gesunde Tauben

Erkennung, Vorbeuge und Behandlung der wichtigsten Taubenkrankheiten

6. deutsche, überarbeitete Auflage

von
Dr. Ludwig Schrag

Dr. Hermann Enz
Dr. Hermann Klette †
Hartmut Messinger

SCHOBER VERLAGS-GMBH

Bildernachweis
Alle Bilder stammen von den Autoren.

CIP-Titelaufnahme der Deutschen Bibliothek

Gesunde Tauben: Erkennung, Vorbeuge und Behandlung der wichtigsten Taubenkrankheiten / von Ludwig Schrag ... – 6. dt., überarb. Aufl., 23. internat. Aufl. – Hengersberg: Schober, 1990.
  Afrikaans-Ausg. u. d. T.: Gesonde duiwe. – Engl. Ausg. u. d. T.: Healthy pigeons. – Franz. Ausg. u. d. T.: Pigeons en bonne santé. – Ital. Ausg. u. d. T.: Colombi in buona salute. – Niederländ. Ausg. u. d. T.: Gezonde duiven. – Portug. Ausg. u. d. T.: Pombos saudáveis. – Span. Ausg. u. d. T.: Palomes en buen estado de salud
  ISBN 3-88620-017-5
NE: Schrag, Ludwig [Mitverf.]

1. Auflage (Deutsch)	Juli 1973	1–10 000
2. Auflage (Holländisch)	Januar 1974	10 000–15 000
3. Auflage (Afrikaans)	Februar 1974	15 000–18 000
4. Auflage (Englisch)	März 1974	18 000–23 000
5. Auflage (Französisch)	Juli 1974	23 000–25 500
6. Auflage (Holländisch)	März 1975	25 500–28 000
7. Auflage (Englisch)	Dezember 1975	28 000–30 000
8. Auflage (Holländisch)	November 1977	30 000–34 000
9. Auflage (Deutsch)	Dezember 1977	34 000–38 000
10. Auflage (Italienisch)	Dezember 1977	38 000–40 000
11. Auflage (Englisch)	Dezember 1977	40 000–43 000
12. Auflage (Spanisch)	August 1978	43 000–46 000
13. Auflage (Portugiesisch)	Dezember 1978	46 000–50 000
14. Auflage (Deutsch)	Oktober 1979	50 000–58 000
15. Auflage (Deutsch)	Juli 1980	53 000–56 000
16. Auflage (Englisch)	November 1981	56 000–58 000
17. Auflage (Holländisch)	Januar 1982	58 000–60 000

Neugestaltete, völlig überarbeitete Auflagen:

18. Auflage (Deutsch)	Juni 1985	60 000–65 000
19. Auflage (Englisch)	September 1985	65 000–70 000
20. Auflage (Französisch)	Dezember 1986	70 000–72 000
21. Auflage (Deutsch)	Juni 1987	72 000–76 000
22. Auflage (Englisch)	November 1989	76 000–79 000
23. Auflage (Deutsch)	März 1990	79 000–84 000

Alle Rechte, auch die der Übersetzung in fremde Sprachen, die teilweise Reproduktion, der auszugsweise Abdruck und Sonderrechte, wie die fotomechanische Vervielfältigung, sind dem Verlag vorbehalten.

© Schober Verlags-GmbH
  Donaustr. 23
  D-8355 Hengersberg
  Tel. 0 99 01/69 39, Tlx. 69 876

Grafische Gestaltung: Leo Gehra, München
Offsetreproduktion: Scanart Direktrepro Manfred Pech, Buch am Erlbach
Satz, Druck und Bindearbeiten: Sellier Druck GmbH, Freising

6. deutsche, überarbeitete Auflage

Printed in West Germany
1990

ISBN 3-88620-017-5

Vorwort

Entsprechend dem Titel soll „Gesunde Tauben" der Erhaltung und Wiederherstellung der Gesundheit und Leistungsfähigkeit unserer Tauben dienen. Möglichst kurz und einprägsam werden in Wort und Bild die wichtigsten Taubenkrankheiten, ihre Verhütung und Behandlung dargestellt. Der Aufbau des Buches und die Gestaltung der einzelnen Kapitel ermöglicht eine leichte Handhabung und damit eine schnelle und rechtzeitige Krankheitsfeststellung.

Die bei der Behandlung und Vorbeuge angegebenen Maßnahmen beruhen auf langjährigen Erfahrungen der als Tierärzte praktizierenden Verfasser auf dem Gebiet der Taubenheilkunde und geben die derzeitig von ihnen durchgeführten Methoden wieder. Da der Heilungserfolg oder die Gesunderhaltung der Tauben nicht auf der Wirkung eines einzelnen Arzneimittels beruht, sondern sich aus der Gesamtheit der Maßnahmen (Arzneimittel plus flankierende Maßnahmen) ergibt, wurde auf die Nennung von Arzneimitteln, mit denen keine eigenen Erfahrungen vorliegen, bewußt verzichtet. Deshalb kann die Entscheidung über den Einsatz, die Auswahl und die Dosierung des geeigneten Medikamentes nur der behandelnde Tierarzt treffen.

Besonderen Wert legen die Autoren auf eine sinnvolle und wirksame Vorbeuge. Voraussetzung dafür ist die richtige Einschätzung der Erkrankungsmöglichkeiten der Tauben in Zeiten besonderer Belastungen. Dem tragen die nach Leistungsstadien gegliederten Vorbeugepläne in den Kapiteln 3 und 4 Rechnung. Auch hier handelt es sich um die von den als Tierärzte praktizierenden Autoren derzeit aufgrund eigener Erfahrungen angewandten Vorbeugemaßnahmen.

Dank und Anerkennung gebühren der Schober Verlags-GmbH für die wiederum vorzügliche Ausstattung des Buches und die gute Zusammenarbeit.

Die Autoren

Inhalt

Teil 1
Hinweise zum Verständnis des Krankheitsgeschehens

Krankheit	9
Ursachen	9
Infektion	11
Infektionswege	13
Wechselwirkungen	14
Streß	17
Faktorenerkrankung	17
Belastungen	18

Teil 2
Die häufigsten Krankheiten der Tauben

Salmonellose	25
Trichomoniasis	36
Ornithose	42
Ansteckender Schnupfen	48
Pocken	54
Paramyxovirose	59
Kokzidiose	66
Spul- und Haarwurmbefall	72
Befall mit Zecken, Milben, Federlingen	79

Teil 3
Vorbeuge gegen Krankheiten bei Rassetauben

Vorbeuge	85
Vorbeugende Behandlung	86
Verbesserung der Federqualität	86
Vorbeugeplan Winter/Ruhezeit	88
Vorbeugeplan Anpaarung/Aufzucht	89
Vorbeugeplan Mauser	90
Vorbeugeplan Ausstellungssaison	91
Vorbeugeplan Zukauf	91

Teil 4
Vorbeuge gegen Krankheiten bei Brieftauben

Individuelles Leistungsvermögen	93
Vorbereitung auf die Flüge	94
Stoffwechsel während der Reise	94
Häufige Fragen	96
Vorbeugeplan Winter/Ruhezeit	99
Vorbeugeplan Anpaarung/Aufzucht	100
Vorbeugeplan Reisezeit	101
Vorbeugeplan Mauser	103
Vorbeugeplan Ausstellung	103
Vorbeugeplan Zukauf	104
Vorbeugeplan zugeflogene Tauben	104

Literatur
Register

Teil 1
Hinweise zum Verständnis des Krankheitsgeschehens

Krankheit	9
Ursachen	9
Infektion	11
Infektionswege	13
Wechselwirkungen	14
Streß	17
Faktorenerkrankung	17
Belastungen	18

Krankheitsgeschehen

Abb. 1. Nichtinfektiöse Faktoren begünstigen oft das Auftreten von Infektionskrankheiten.

Bevor man sich näher mit den einzelnen Krankheiten bei Tauben, deren Behandlung und Vorbeuge befaßt, sollen vorab einige Grundlagen des Krankheitsgeschehens erläutert werden. Die Gesunderhaltung eines Taubenbestandes wird leichter fallen, wenn man über das Zustandekommen und die Auswirkungen von Erkrankungen unterrichtet ist. Von besonderer Wichtigkeit ist das Auffinden von möglichen verborgenen Infektionen. Dazu ist neben einer guten Beobachtung der Tauben auch eine ursächliche Klärung von Krankheits- oder Todesfällen unerläßlich. Eine gezielte Behandlung und Vorbeuge ist nur dann möglich, wenn die Erkrankungsursache eindeutig festgestellt wird.

Krankheit

Was versteht man unter dem Begriff „Krankheit"?

Es gibt zahlreiche Definitionen, die jedoch folgende grundsätzliche Aussage gemeinsam haben:
> Unter einer Krankheit versteht man die Störung der normalen Funktion der Organe oder der Organsysteme des Körpers durch von außen einwirkende Faktoren (Ausnahme Erbkrankheiten: Störungen sind erblich bedingt).

Ursachen

Die einwirkenden Faktoren, die Krankheitsursachen, werden in zwei Gruppen eingeteilt (siehe Abbildungen 1 und 2).

Abb. 1

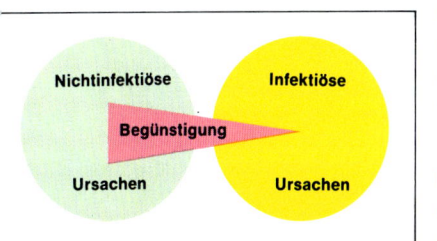

Infektiöse Ursachen: Es handelt sich um krankmachende Erreger. Sie entwickeln sich in oder auf dem Tier, zerstören das Körpergewebe und sondern Ausscheidungsprodukte ab. Der Körper reagiert mit Abwehrmaßnahmen. Wir sprechen von einer Infektionskrankheit.

Nichtinfektiöse Ursachen: Alle anderen Ursachen für eine Erkrankung werden als nichtinfektiös bezeichnet. Sie lösen die nichtinfektiösen Krankheiten aus.

Krankheitsgeschehen

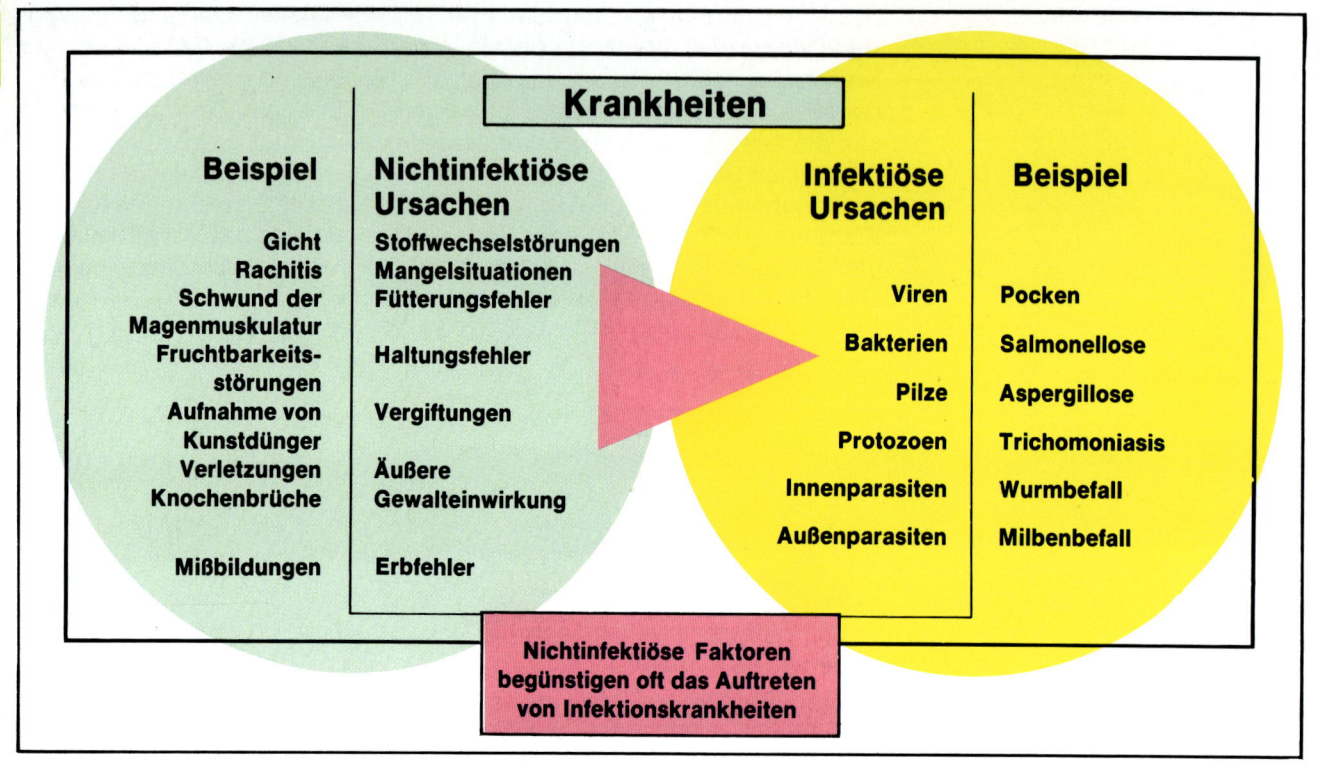

Abb. 2

Krankheiten

Beispiel	Nichtinfektiöse Ursachen	Infektiöse Ursachen	Beispiel
Gicht	Stoffwechselstörungen		
Rachitis	Mangelsituationen		
Schwund der Magenmuskulatur	Fütterungsfehler	Viren	Pocken
Fruchtbarkeitsstörungen	Haltungsfehler	Bakterien	Salmonellose
Aufnahme von Kunstdünger	Vergiftungen	Pilze	Aspergillose
Verletzungen	Äußere	Protozoen	Trichomoniasis
Knochenbrüche	Gewalteinwirkung	Innenparasiten	Wurmbefall
		Außenparasiten	Milbenbefall
Mißbildungen	Erbfehler		

Nichtinfektiöse Faktoren begünstigen oft das Auftreten von Infektionskrankheiten

Bei einem Krankheitsausbruch ist nicht immer eindeutig zwischen infektiöser oder nichtinfektiöser Ursache zu unterscheiden. In vielen Fällen handelt es sich um ein kompliziertes Zusammenspiel verschiedener Ursachen. Man spricht von einer „Faktorenerkrankung".

➞ Beispiel: Der Erreger der Trichomoniasis („Gelber Knopf") ist in nahezu allen Beständen vorhanden. Werden die Tauben gut gehalten, wenn also Haltung und Fütterung stimmen, treten trotz des Vorhandenseins des Erregers keine Krankheitsanzeichen auf. Wird der Organismus geschwächt, etwa durch eine einseitige Fütterung oder eine zu dichte Belegung des Schlages, erhöht sich die Krankheitsbereitschaft.

Abb. 2. Schematische Darstellung der verschiedenen Krankheitsursachen: Es besteht eine Wechselwirkung zwischen nichtinfektiösen und infektiösen Krankheiten. Die nichtinfektiösen Ursachen können zwar eigene Krankheitsbilder hervorrufen, begünstigen jedoch in vielen Fällen den Ausbruch einer Infektionskrankheit.

Die Infektion einer Taube mit einem Krankheitserreger bedeutet noch nicht den Beginn einer Erkrankung. Die Auswirkungen einer Infektion für die Taube nach dem Eindringen des Erregers lassen sich vereinfacht in drei Abschnitte einteilen (Abbildung 3):

Krankheits-geschehen

Infektion

1. Abschnitt

Der Erreger gelangt zwar in den Organismus, kann sich aber in ihm nicht vermehren. Diese Infektion schädigt den Taubenkörper nicht.

⇨ Beispiel: Die Grippeerreger des Menschen können zwar in die Taube eindringen, sich aber in ihr nicht vermehren. Eine Erkrankung kann nicht entstehen.

Abb. 3

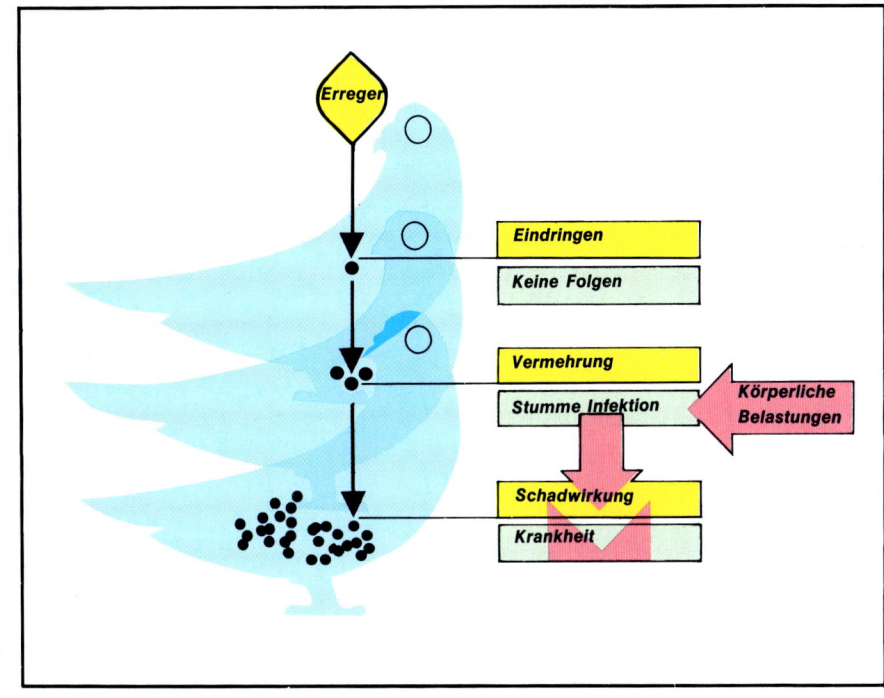

Abb. 3. Das Eindringen von Erregern in den Taubenkörper und die möglichen Folgen.

**Krankheits-
geschehen**

2. Abschnitt

Der eingedrungene Erreger kann sich im Körper vermehren. Gelingt es dem Organismus, die Erregervermehrung zu stoppen, bevor krankmachende Eigenschaften zutage treten, spricht man von einer „stummen Infektion". Diese Art der Infektion führt meist zur Immunität (Ausbildung von Abwehrkörpern gegen den Erreger). Die dabei erworbenen Abwehrkräfte schützen die Taube vor nachfolgenden Infektionen mit dem gleichen Erreger. Die Tiere können auch während und nach einer stummen Infektion Erreger ausscheiden und zur Ansteckungsquelle für den gesamten Bestand werden. Diese Infektionsgefahr wird oft nicht erkannt.

> Beispiel: Alttauben machen oft eine stumme Infektion mit Trichomonaden durch, wobei sie immun werden. Sie beherbergen zwar weiter die Erreger im Körper, leben aber mit ihnen in einem gewissen Gleichgewicht und erkranken nicht. Sie können jedoch Erreger ausscheiden.

3. Abschnitt

Gelingt es der Taube nicht, die Erregervermehrung durch ihre körpereigenen Abwehrkräfte zu bremsen oder zu verhindern, kommt es zu Schädigungen des Organismus und damit zur sichtbaren Erkrankung, die mit dem Tode enden kann.

> Beispiel: Nehmen Jungtauben Trichomonaden in genügender Zahl auf, kommt es zu einer Erkrankung, die in vielen Fällen zum Tod führt. In diesem Alter sind die körpereigenen Abwehrmechanismen gegen Trichomonaden nur schwach oder gar nicht ausgebildet.

Auch kann sich aus einer stummen Infektion jederzeit bei körperlichen Belastungen eine sichtbare Erkrankung entwickeln. Eine solche Belastung vermindert die Abwehrbereitschaft des Körpers, so daß schon eine relativ geringe Erregerzahl durch ungebremste Vermehrung zum Durchbruch der Erkrankung führt.

> Beispiel: Plötzlich erkranken mit Salmonellen stumm infizierte Tauben, wenn sie durch die Vorgänge vor, während und nach Ausstellungen oder durch die Anstrengungen bei den Wettflügen geschwächt sind.

In der überwiegenden Zahl der Fälle haben Infektionen keine Auswirkungen auf das Wohlbefinden der Tauben. Krankheit oder Tod als Folge einer Infektion sind die Ausnahme!

Abb. 4. Direkter und indirekter Infektionsweg: Bei den meisten Erkrankungen sind beide Infektionswege möglich.

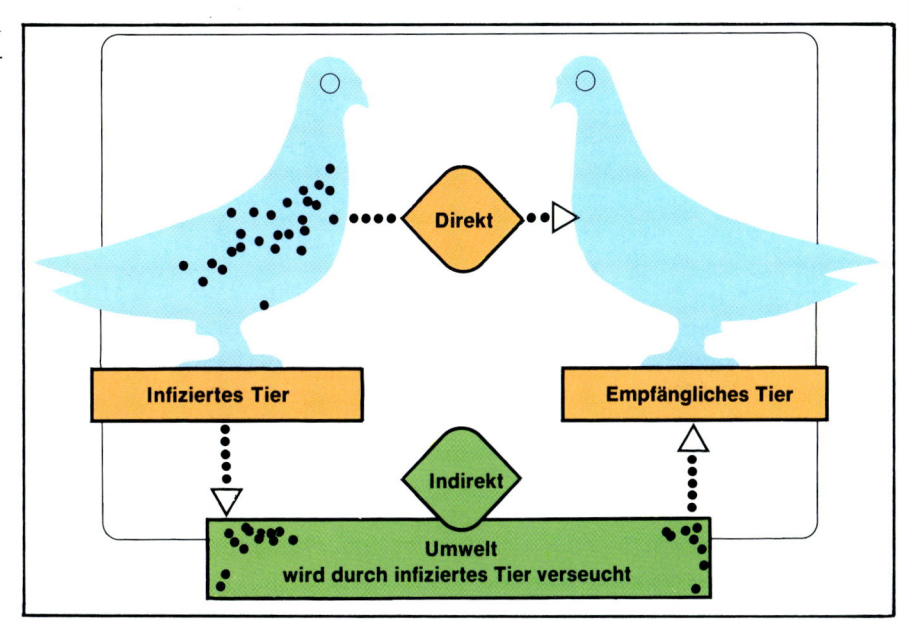

Abb. 4

Krankheitsgeschehen

Infektionswege

Die Art der Ansteckung mit einem Erreger ist grundsätzlich auf zwei Wegen möglich (Abbildung 4). Sie erfolgt entweder ohne Umwege von Taube zu Taube (direkter Infektionsweg) oder über eine von infizierten Tieren verseuchte Umwelt (indirekter Infektionsweg).

⇨ Beispiel: Bei der Salmonellose sind beide Wege der Übertragung möglich. Die direkte Infektion erfolgt beim Schnäbeln, beim Füttern der Jungtauben oder bereits über das Ei. Zur indirekten Infektion kommt es durch die Aufnahme von mit Salmonellen behaftetem Futter oder Wasser.

Sowohl Tauben mit einer stummen Infektion als auch eine erregerverseuchte Umwelt können über einen langen Zeitraum immer wieder gesunde Tiere infizieren. Dennoch kommt es nur in Ausnahmefällen im Bestand zum sichtbaren Ausbruch einer Erkrankung, obwohl die Infektionsquelle ständig vorhanden ist.

**Krankheits-
geschehen**

**Wechsel-
wirkungen**

Wann tritt eine Erkrankung auf, wann nicht?

Zwischen Erreger und Wirt bestehen zahlreiche Wechselwirkungen (Abbildung 5). Auf der Erregerseite sind es die Art des Erregers, dessen Anzahl, dessen krankmachende Eigenschaften (Pathogenität) und dessen Aktivität (Virulenz), die der Empfänglichkeit und der körperlichen Verfassung (Krankheitsbereitschaft — Widerstandsfähigkeit) des Wirtes gegenüberstehen.

Die **Virulenz** eines Erregers variiert. Sie erhöht sich immer, wenn die Erreger auf empfängliche Wirte treffen, sich in deren Organismus vermehren und wieder ausgeschieden werden. Die Gefahr einer Erkrankung im Bestand steigt in diesen Fällen einmal durch den gefährlicher gewordenen Erreger selbst, zum anderen durch die größer werdende Anzahl der ausgeschiedenen Erreger. Man spricht von einer Erhöhung des Infektionsdruckes. Unter diesen Umständen können sich vielfach selbst weniger empfängliche Tiere gegen die zunehmende Übermacht und die gesteigerte Virulenz der Erreger nicht mehr wehren. Die Infektion nimmt ein solches Ausmaß an, daß der Körper geschädigt wird. Die Taube wird sichtbar krank.

Mit der **Pathogenität** wird die Fähigkeit eines Erregers beschrieben, überhaupt eine Erkrankung auszulösen. Manche Erreger sind nur unter bestimmten Bedingungen krankmachend, sie sind „fakultativ pathogen". Die meisten Erkrankungen werden durch solche Erreger ausgelöst.

⇨ Beispiel: Fast alle Tauben tragen Erreger des ansteckenden Schnupfens in sich. Zum Ausbruch der Erkrankung müssen jedoch abwehrmindernde Umstände, wie z. B. eine Erkältung, hinzutreten.

Mit „obligat pathogen" werden Erreger bezeichnet, die auch ohne abwehrmindernde Umstände eine Erkrankung auslösen können, z. B. das Paramyxovirus. Die Übergänge zwischen fakultativ und obligat pathogen sind fließend. Es läßt sich nicht immer eindeutig sagen, ob der Erreger auch ohne eine Verminderung der Körperabwehr eine Erkrankung ausgelöst hätte.

Unter der **Empfänglichkeit** des Wirtes versteht man die grundsätzliche Möglichkeit einer Erkrankung bei einer Infektion mit einem bestimmten Erreger.

⇨ Beispiel: Das Virus der Taubenpocken ruft nur bei Tauben eine Erkrankung hervor. Andere Vogelarten erkranken nur selten an Tau-

Abb. 5

Abb. 5. Das Bild der Waage zur Verdeutlichung des Gleichgewichtes zwischen Erreger und Wirt: Auf der Seite des Erregers sind es die Pathogenität, Virulenz, Erregerzahl und Erregerart, denen auf der Seite des Wirtes die körperliche Verfassung und die spezifische sowie unspezifische Abwehr gegenüberstehen. In diesem Gleichgewichtszustand bleibt die Taube gesund. Die Zunahme eines Faktors auf der Erregerseite oder die Abnahme einer der beiden Faktoren auf der Wirtsseite würde das Gleichgewicht zugunsten des Erregers verschieben. Die Taube würde erkranken. Zumindest dieses Gleichgewicht zu erhalten, ist das Ziel der Vorbeugemaßnahmen.

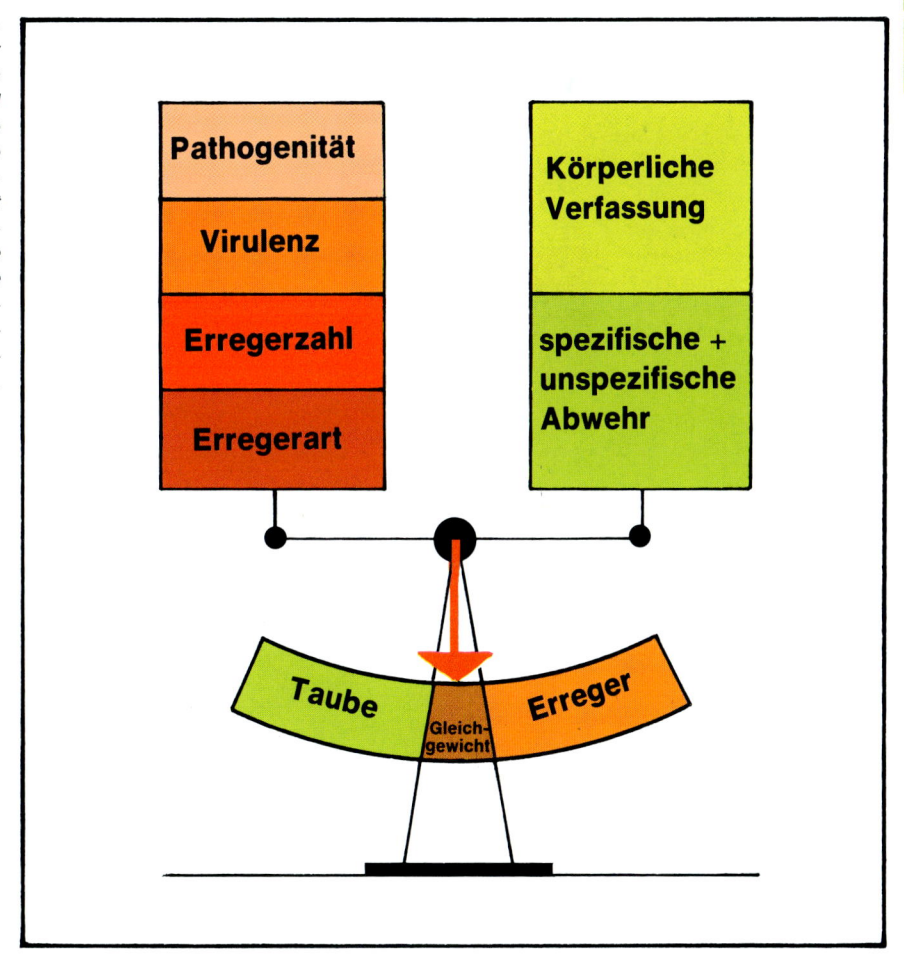

Krankheitsgeschehen

benpocken, weil sie für den Erreger weniger empfänglich sind. Bei Säugetieren, wie Hund und Katze, vermag dieses Virus keine Krankheit zu erzeugen, d. h. Hund und Katze sind nicht empfänglich.

Von entscheidender Bedeutung ist die **körperliche Verfassung** der Taube, also die Krankheitsbereitschaft oder die Widerstandsfähigkeit. Die Widerstandsfähigkeit wird durch belastende Faktoren herabgesetzt.

15

Krankheits-geschehen

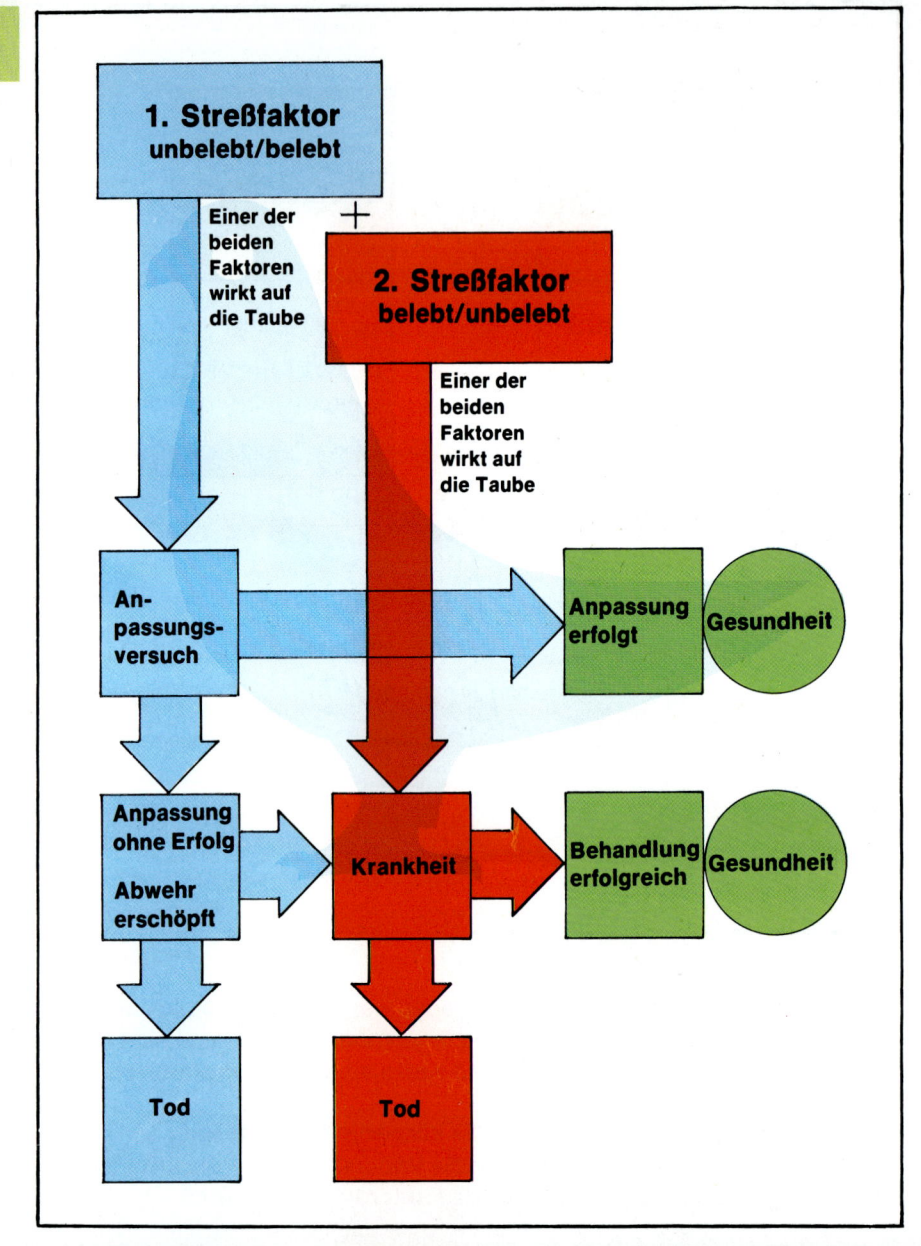

Abb. 6

Abb. 6. Entwicklung einer Faktorenerkrankung: Eine starke Belastung allein oder mehrere weniger belastende Streßfaktoren übersteigen die Belastungsfähigkeit des Körpers, wodurch es zur Erkrankung und bisweilen zum Tod kommt.

1. Streßfaktor unbelebt/belebt

Einer der beiden Faktoren wirkt auf die Taube

2. Streßfaktor belebt/unbelebt

Einer der beiden Faktoren wirkt auf die Taube

Anpassungsversuch → Anpassung erfolgt → Gesundheit

Anpassung ohne Erfolg / Abwehr erschöpft → Krankheit → Behandlung erfolgreich → Gesundheit

Tod

Tod

Sowohl organische als auch nervliche Belastungen werden unter dem Begriff „Streß" zusammengefaßt. Der Streß ist oft verantwortlich für das sichtbare Auftreten von infektiösen Erkrankungen, die als Faktorenerkrankungen bezeichnet werden.

Krankheitsgeschehen

Streß

Wie kommt es überhaupt zu einer Faktorenerkrankung und wie entwickelt sie sich (Abbildung 6)?

Wenn eine Taube schlecht ernährt wird, in ungünstigen Schlagverhältnissen lebt oder auf Ausstellungen geschickt wird, ist sie nervlichen und organischen Belastungen ausgesetzt. Man spricht von „unbelebten Streßfaktoren". Solche unbelebten Streßfaktoren kommen auch natürlich und unausweichlich zustande.

Faktorenerkrankung

⇨ Beispiel: Die Mauser stellt eine starke natürliche Belastung für die Taube dar. Der Abwurf und die Neubildung der Federn belasten den Stoffwechsel. Von bestimmten Entwurmungsmaßnahmen ist in dieser Zeit abzusehen, weil Entwurmungsmittel den Körperstoffwechsel beeinflussen. Der naturgegebene Streßfaktor „Mauser" und der zusätzliche Streßfaktor „Entwurmung" übersteigen zusammen in vielen Fällen das Anpassungsvermögen der Tauben. Es kommt zu einer Erkrankung. Diese kann durch den Ausbruch einer Infektion entstehen oder sich in einer totalen Erschöpfung äußern.

Der Organismus versucht sich in Streßsituationen anzupassen. Gelingt die Anpassung des Körpers, bleibt die Taube gesund. Kann sich das Tier nicht anpassen, weil die Streßwirkung zu groß oder zu langanhaltend ist, stellt sich Erschöpfung ein. Auf dieses Erschöpfungsstadium kann auch ohne eine zusätzliche Infektion oder eine weitere, nichtinfektiöse Belastung, d. h. einen zusätzlichen Streßfaktor, Krankheit oder Tod folgen.

Als erster auf die Taube einwirkender Streßfaktor kann anstelle des unbelebten auch ein „belebter Streßfaktor" einwirken. Eine solche Belastung ist zum Beispiel eine verborgen (latent) vorhandene Infektion, wie Wurmbefall, die keine Krankheitsanzeichen auslöst, weil sich der Organismus an die Streßsituation gewöhnt hat. Auch hier ist, wie beim ersten, unbelebten Streßfaktor, eine sichtbare Erkrankung ohne die Einwirkung weiterer Faktoren möglich, wenn der Taube die Anpassung nicht gelingt.

Krankheits-geschehen

Als Faktorenerkrankung wird nun eine solche Krankheit bezeichnet, bei der mehrere Faktoren am Ausbruch der Erkrankung beteiligt sind.

▷ Beispiele: Der ansteckende Schnupfen benötigt zum Ausbruch unbedingt Faktoren, welche die Widerstandsfähigkeit herabsetzen. Derartige Faktoren sind in der Taubenzucht häufig gegeben, z. B. Strapazen bei der Ausstellung, Reise, Transport, Eingewöhnung bei Zukauf, Umstallung, zu dichter Besatz der Schläge oder Außenparasiten und Wurmbefall. Der Streßfaktor in Form einer Mycoplasmose-Infektion hätte als alleiniger Faktor für den voll widerstandsfähigen Organismus keine Folgen. Ein kräftiger, gesunder, mit genügend Anpassungsreserven versehener Körper hält dieser Infektion stand und kann sie abwehren. Der Organismus setzt sich mit dem Erreger auseinander, baut dabei eine Abwehr auf und verhindert das weitere Ausbreiten der Infektion. Äußerlich sind in diesen Fällen keine Krankheitsanzeichen zu beobachten.

▷ Auch kann aus einer stummen Salmonellen-Infektion in Zeiten besonderer Belastungen, wie während der Mauser, plötzlich Salmonellose im Bestand ausbrechen, obwohl der Erreger schon Wochen oder Monate vorher vorhanden war. Ohne den hinzukommenden Streßfaktor „Mauser" hätte sich die stumme Salmonellen-Infektion nicht zu einer sichtbaren Erkrankung im Bestand ausbreiten können.

Es ist also bei einer Faktorenerkrankung von untergeordneter Bedeutung, welcher Art die einwirkenden Streßfaktoren sind, ob es sich um belebte oder unbelebte Faktoren handelt oder in welcher Reihenfolge sie auf die Tauben einwirken. Einzig entscheidend ist das Zusammenspiel von Faktoren, die einzeln nicht, aber zusammen die Widerstandsfähigkeit des Organismus übersteigen.

Was kann gegen Faktorenerkrankungen unternommen werden?

Belastungen

Die zum Ausbruch einer Faktorenerkrankung notwendigen Belastungen kann man in vermeidbare und unvermeidbare Belastungen einteilen (Abbildung 7). Zur Gesunderhaltung der Tauben ist es unbedingt erforderlich, möglichst alle vermeidbaren Belastungen auszuschalten, damit der Körper mit den nicht vermeidbaren Belastungen besser fertig werden kann. Handelt es sich bei diesen vermeidbaren Belastungen um unbelebte Faktoren, wie Haltungs- und Fütterungsfehler, können diese abgestellt werden. Die Verbesserung von Haltung und Fütterung senkt das Krankheitsrisiko.

Abb. 7. Beispiele für vermeidbare und unvermeidbare Belastungen.

Abb. 7

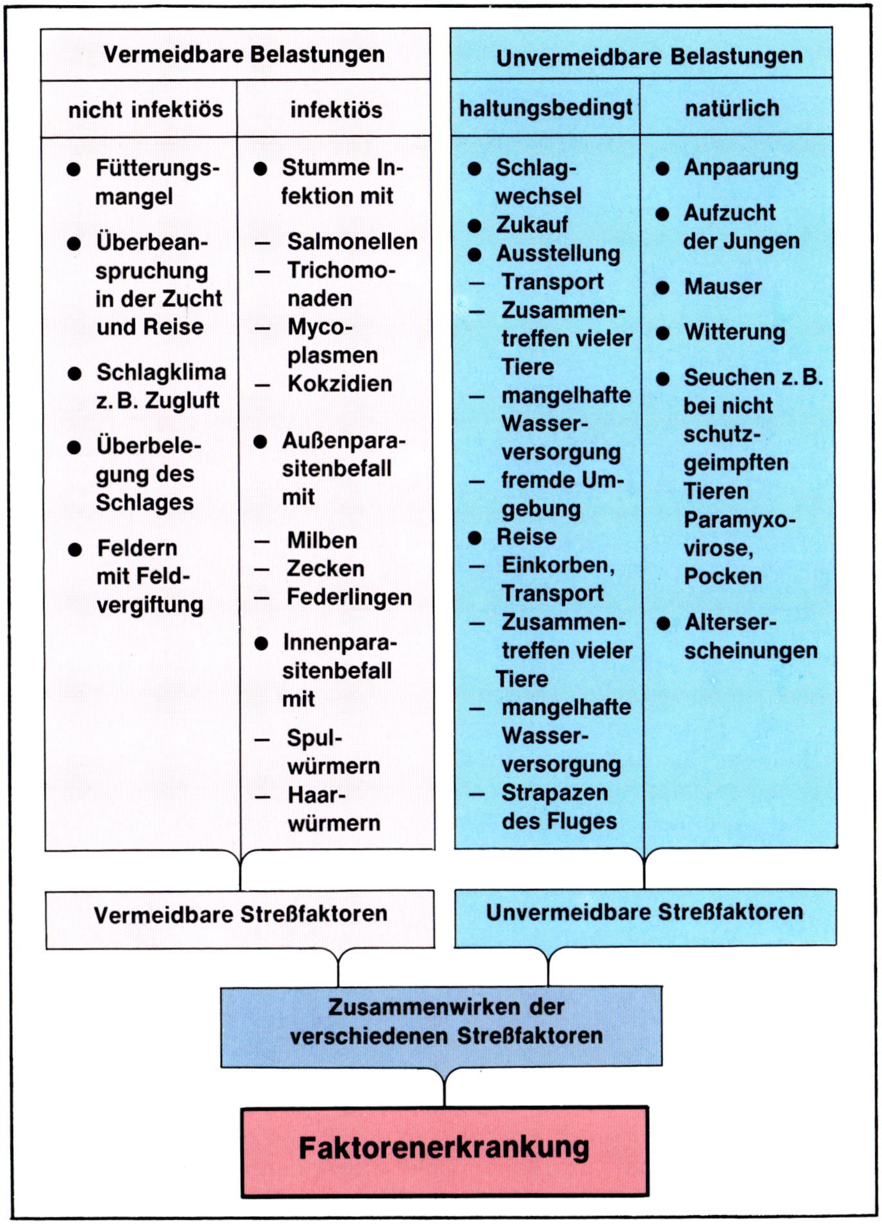

Krankheitsgeschehen

Vermeidbare Belastungen		Unvermeidbare Belastungen	
nicht infektiös	infektiös	haltungsbedingt	natürlich
• Fütterungsmangel • Überbeanspruchung in der Zucht und Reise • Schlagklima z. B. Zugluft • Überbelegung des Schlages • Feldern mit Feldvergiftung	• Stumme Infektion mit – Salmonellen – Trichomonaden – Mycoplasmen – Kokzidien • Außenparasitenbefall mit – Milben – Zecken – Federlingen • Innenparasitenbefall mit – Spulwürmern – Haarwürmern	• Schlagwechsel • Zukauf • Ausstellung – Transport – Zusammentreffen vieler Tiere – mangelhafte Wasserversorgung – fremde Umgebung • Reise – Einkorben, Transport – Zusammentreffen vieler Tiere – mangelhafte Wasserversorgung – Strapazen des Fluges	• Anpaarung • Aufzucht der Jungen • Mauser • Witterung • Seuchen z. B. bei nicht schutzgeimpften Tieren Paramyxovirose, Pocken • Alterserscheinungen
Vermeidbare Streßfaktoren		**Unvermeidbare Streßfaktoren**	

Zusammenwirken der verschiedenen Streßfaktoren

Faktorenerkrankung

Krankheitsgeschehen

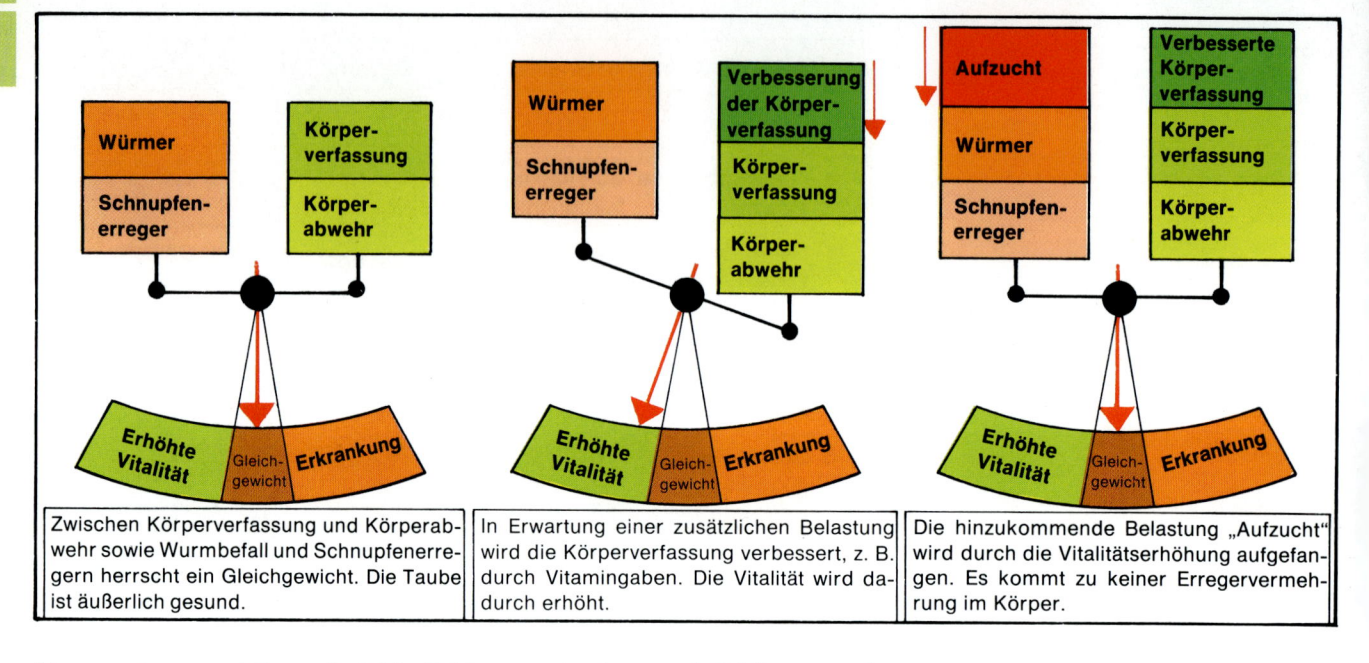

Abb. 8

| Zwischen Körperverfassung und Körperabwehr sowie Wurmbefall und Schnupfenerregern herrscht ein Gleichgewicht. Die Taube ist äußerlich gesund. | In Erwartung einer zusätzlichen Belastung wird die Körperverfassung verbessert, z. B. durch Vitamingaben. Die Vitalität wird dadurch erhöht. | Die hinzukommende Belastung „Aufzucht" wird durch die Vitalitätserhöhung aufgefangen. Es kommt zu keiner Erregervermehrung im Körper. |

Aber auch vermeidbare, belebte Faktoren, wie stumme Infektionen, müssen im Bestand verringert werden.

➡ Beispiel: Der ansteckende Schnupfen tritt in solchen Beständen häufiger auf, die auch verstärkt Trichomonaden, die Erreger des „Gelben Knopfes", beherbergen. Die Bekämpfung der Trichomonaden verringert in diesen Fällen nicht nur das Auftreten des „Gelben Knopfes", sondern führt auch zu einem deutlichen Rückgang der Schnupfen-Probleme. Umgekehrt verringert die regelmäßige vorbeugende Behandlung des Schnupfens das Auftreten des „Gelben Knopfes".

Viele Belastungen sind jedoch unvermeidbar. Sie entstehen zwangsweise durch den Haltungsablauf, wie z. B. beim Zukauf, beim Absetzen der Jungtauben oder bei Ausstellungen. Auch ist die Taube natürlicherweise unvermeidbaren Belastungen ausgesetzt, wie z. B. in der Mauser oder während der Aufzucht der Jungen. In diesen Zeiten unvermeidbarer Belastungen sind Gegenmaßnahmen einzuleiten, um das Risiko eines Krankheitsausbruches möglichst gering zu halten. Solche geeigneten Gegenmaßnahmen sind die Vorbeuge und die vorbeugende Behandlung.

Abb. 8. Schematische Darstellung: Vorbeuge durch Verbesserung der Körperverfassung, zum Beispiel durch Verabreichung von Vitaminen.

Abb. 9

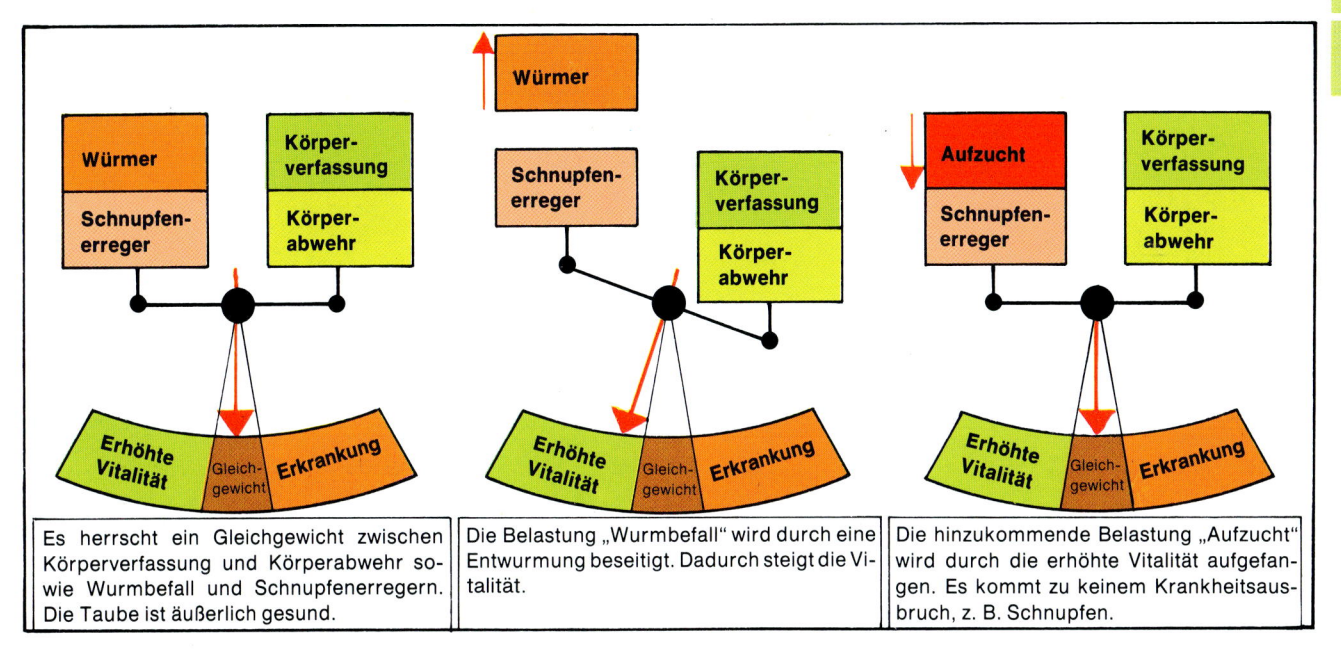

Krankheits-geschehen

Es herrscht ein Gleichgewicht zwischen Körperverfassung und Körperabwehr sowie Wurmbefall und Schnupfenerregern. Die Taube ist äußerlich gesund.	Die Belastung „Wurmbefall" wird durch eine Entwurmung beseitigt. Dadurch steigt die Vitalität.	Die hinzukommende Belastung „Aufzucht" wird durch die erhöhte Vitalität aufgefangen. Es kommt zu keinem Krankheitsausbruch, z. B. Schnupfen.

Die Vorbeugemaßnahmen haben zwei Ziele:

1. Stärkung der Widerstandsfähigkeit des Körpers, z. B. durch eine optimale, ausgewogene, dem Leistungsstand der Taube angepaßte Fütterung.

2. Verminderung des Infektionsdruckes durch Ausmerzung oder Verringerung der Infektionserreger im Tier und in der Umwelt. Dies geschieht durch die Verabreichung von Arzneimitteln und durch Desinfektionsmaßnahmen.

Die durch die Verminderung des Infektionsdruckes freiwerdende, d. h. für die Erregerabwehr nicht mehr benötigte Körperabwehr, kann von der Taube zusätzlich gegen die unvermeidbaren Belastungen eingesetzt werden. Die Gefahr einer Erkrankung wird dadurch wesentlich verringert.

Abb. 9. Schematische Darstellung: Vorbeuge durch Verminderung der Belastungen, z. B. durch Entwurmung.

In den Kapiteln 3 und 4 dieses Buches werden die Vorbeugemaßnahmen aufgeführt.

1 Krankheitsgeschehen

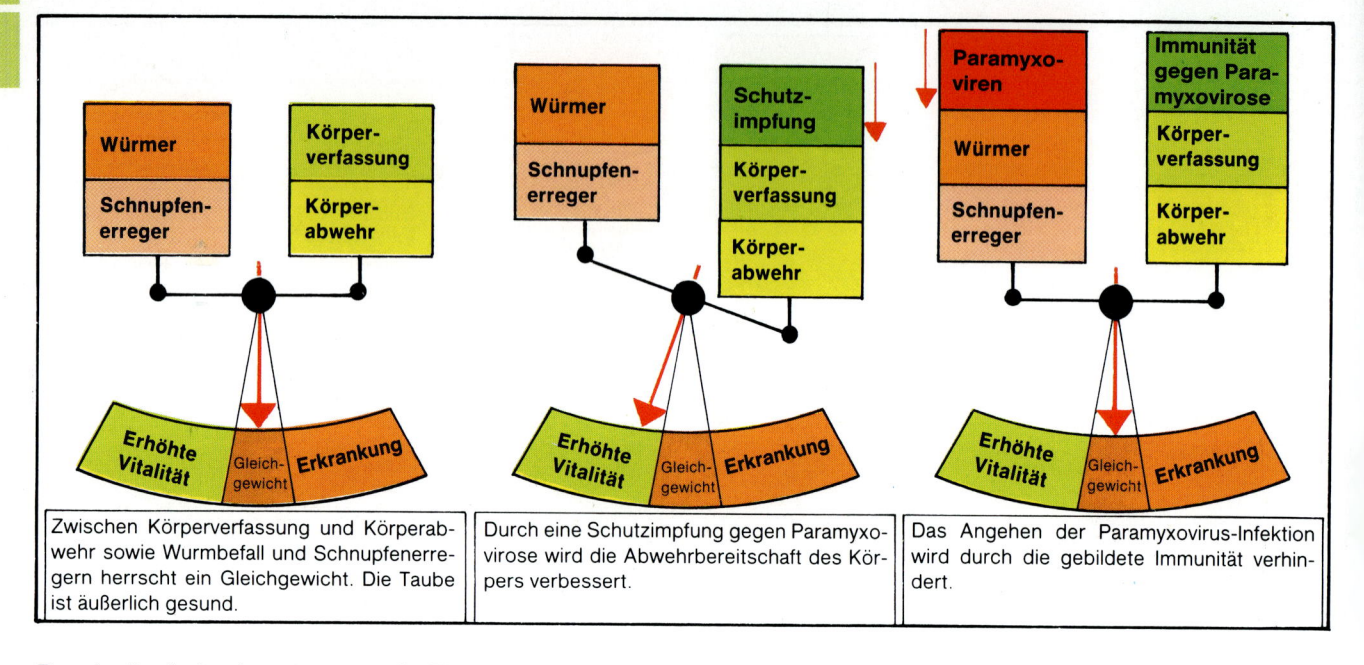

Abb. 10

| Zwischen Körperverfassung und Körperabwehr sowie Wurmbefall und Schnupfenerregern herrscht ein Gleichgewicht. Die Taube ist äußerlich gesund. | Durch eine Schutzimpfung gegen Paramyxovirose wird die Abwehrbereitschaft des Körpers verbessert. | Das Angehen der Paramyxovirus-Infektion wird durch die gebildete Immunität verhindert. |

Durch die Anforderungen an die Tauben und durch das Haltungssystem bedingt, gibt es bestimmte Erkrankungen, die bei den Rassetauben oder Brieftauben im Vordergrund stehen. Sind bei den Rassetauben die Salmonellose, die Trichomoniasis und die Verwurmung von besonderer Bedeutung, so trifft man bei den Brieftauben vermehrt Atemwegserkrankungen an. Im folgenden werden die wichtigsten Erkrankungen bei Tauben besprochen. Dabei wird den Krankheiten mit vorrangiger Bedeutung mehr Platz eingeräumt als solchen, die weniger häufig vorkommen. Seltene Erkrankungen wurden ganz weggelassen.

Die Beschreibung der einzelnen Erkrankungen sowie der Behandlungs- und Vorbeugemaßnahmen wurde so angelegt, daß sowohl der Taubenhalter als auch der Tierarzt daraus einen Nutzen ziehen können:

Die Beschreibung von Vorkommen, Ursache, Infektionsweg, Krankheitsanzeichen, Krankheitsverlauf und ähnlichen Erkrankungen soll beim Taubenhalter nicht nur Interesse an den einzelnen Krankheiten wecken, sondern soll ihn über die Gesundheitsprobleme informieren und damit seinen Blick für eventuell auftretende Unregelmäßigkeiten bei seinen Tauben schärfen. Die genaue Beobachtung seiner Tauben und das Erkennen von

Abb. 10. Schematische Darstellung: Vorbeuge durch Schutzimpfung, zum Beispiel gegen Paramyxovirose.

Abb. 11

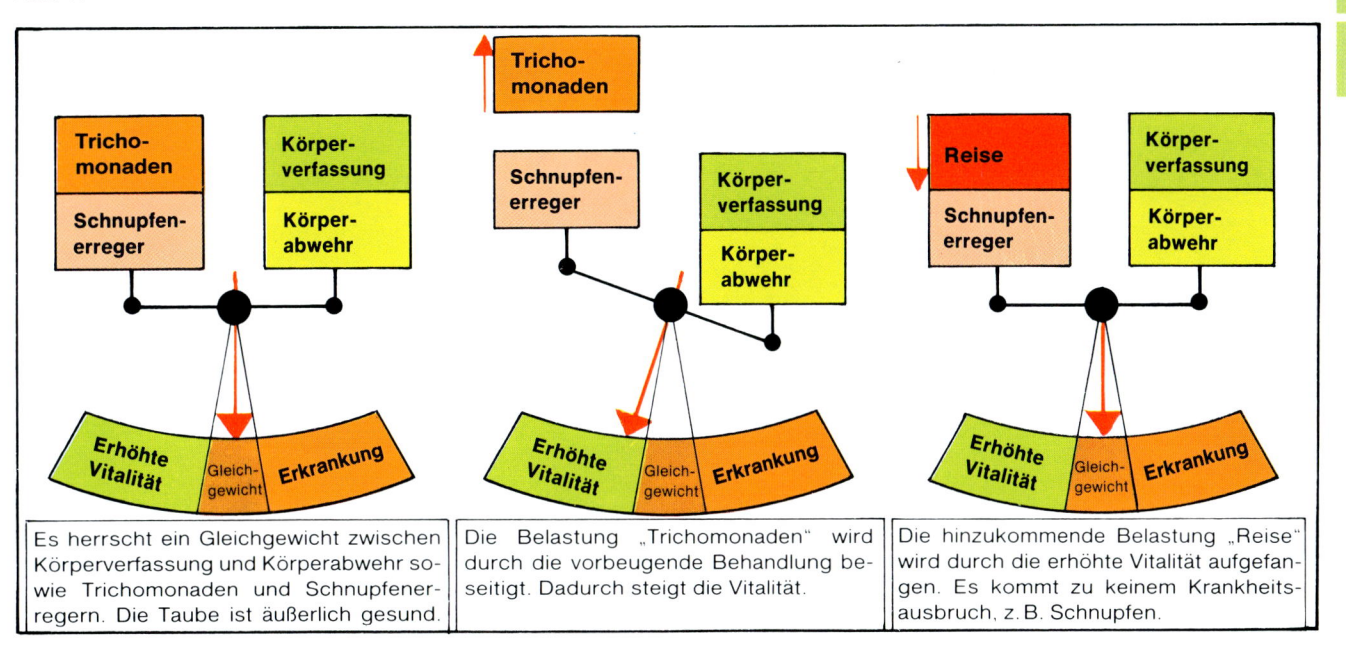

Trichomonaden / Schnupfenerreger — Körperverfassung / Körperabwehr	Trichomonaden ↑ — Schnupfenerreger — Körperverfassung / Körperabwehr	Reise ↓ — Schnupfenerreger — Körperverfassung / Körperabwehr
Erhöhte Vitalität — Gleichgewicht — Erkrankung	Erhöhte Vitalität — Gleichgewicht — Erkrankung	Erhöhte Vitalität — Gleichgewicht — Erkrankung
Es herrscht ein Gleichgewicht zwischen Körperverfassung und Körperabwehr sowie Trichomonaden und Schnupfenerregern. Die Taube ist äußerlich gesund.	Die Belastung „Trichomonaden" wird durch die vorbeugende Behandlung beseitigt. Dadurch steigt die Vitalität.	Die hinzukommende Belastung „Reise" wird durch die erhöhte Vitalität aufgefangen. Es kommt zu keinem Krankheitsausbruch, z. B. Schnupfen.

Abb. 11. Schematische Darstellung: Vorbeuge durch Verminderung der Belastungen, z. B. durch die Bekämpfung von Erregern im Tier mit Medikamenten.

Krankheitsgeschehen

Störungen befähigt den Taubenhalter, rechtzeitig einen Tierarzt hinzuzuziehen. Ein ausführlicher und präziser Vorbericht ermöglicht dem Tierarzt oft erst die Krankheitsfeststellung, zumindest wird sie aber hierdurch erleichtert.

Auf der anderen Seite sollen diese Ausführungen dem Tierarzt einen Einblick in dieses Randgebiet der Veterinärmedizin geben. Die Behandlungs- und Vorbeugemaßnahmen geben dabei die derzeit von den als Tierärzten praktizierenden Verfassern durchgeführten Methoden wieder. Sie sollen als Vergleichsmöglichkeit zu eigenen Behandlungs- und Vorbeugemaßnahmen oder als Anhaltspunkte für den auf diesem Gebiet noch unerfahrenen Tierarzt dienen. Selbstverständlich wird der behandelnde Tierarzt zu entscheiden haben, welcher Behandlung oder Vorbeuge er den Vorzug gibt und welche Medikamente er erforderlichenfalls einsetzt.

Zur Gesunderhaltung der Tauben ist es notwendig, daß Taubenhalter und Tierarzt auf einer vertrauensvollen Basis zusammenarbeiten. Trägt dieses Buch dazu bei, hat es eine wichtige Aufgabe erfüllt.

Teil 2
Die häufigsten Krankheiten der Tauben

Salmonellose	25
Trichomoniasis	36
Ornithose	42
Ansteckender Schnupfen	48
Pocken	54
Paramyxovirose	59
Kokzidiose	66
Spul- und Haarwurmbefall	72
Befall mit Zecken, Milben, Federlingen	79

2 Salmonellose

Salmonellose

Begriff/Vorkommen

Die Salmonellose (Paratyphus, Flügellähme, Beinlähme) ist eine durch Bakterien (Salmonellen) verursachte Erkrankung. Sie zeigt unterschiedliche Krankheitsbilder, je nachdem, welche Organe befallen sind. Die bei der Taube vorkommenden Erreger erzeugen auch bei anderen Vogelarten, bei Säugetieren und in seltenen Fällen beim Menschen Erkrankungen.

Bei Jungtauben weitet sich die Salmonellose oft zu einer verlustreichen Seuche mit hoher Sterblichkeit aus. Tiere, welche die Infektion überleben, werden oft zu Dauerausscheidern. Dies bedeutet, daß solche Tauben die Salmonellen weiter im Organismus beherbergen und sie auch ausscheiden, ohne daß sichtbare Krankheitsanzeichen auftreten. Die Dauerausscheider gefährden ständig den gesamten Bestand, insbesondere die Nachzucht.

Abb. 12

Abb. 12. Sichtbar erkrankte Taube mit deutlicher Störung des Allgemeinbefindens: Aufgeplustertes Gefieder; der hochgezogene Rücken und der nach unten gestellte Schwanz weisen auf Schmerzen im Bauchraum hin.

Erreger/Infektionsweg

Die Salmonellen besiedeln vorwiegend den Darm. Sie besitzen eine Geißel, durch die sie sich in feuchter Umgebung selbständig fortbewegen können. Die Erreger werden mit dem Kot, der Kropfmilch, dem Speichel und infizierten Eiern ausgeschieden. Sowohl sichtbar erkrankte Tiere als auch Tiere mit einer stummen Infektion (Dauerausscheider) sind eine Ansteckungsquelle.

2 Salmonellose

Mit verunreinigtem Futter oder Trinkwasser, beim Schnäbeln und beim Füttern der Jungtauben können Salmonellen in den Körper gelangen (orale Infektion).

Eine Ansteckung ist ebenfalls durch Einatmen von erregerhaltigem Staub möglich (aerogene Infektion).

Schon der Taubenembryo im Ei kann über den Eierstock infiziert werden (ovarielle Infektion).

Die Salmonellen dringen aufgrund ihrer Beweglichkeit auch durch die Poren der noch feuchten Eischale ein. Innerhalb von zwei Tagen gelangen sie so in das Ei (kongenitale Infektion). Bereits im Legedarm können die Eier mit dem infizierten Kot in Berührung kommen.

Die Einschleppung in den Bestand erfolgt vorwiegend durch den Zukauf infizierter Tauben, durch verwilderte Haustauben und andere Vogelarten. Besonders auf Ausstellungen ist die Ansteckungsgefahr durch das Zusammentreffen von Tauben aus vielen Beständen erhöht.

Krankheitsanzeichen und -verlauf

Abhängig vom Sitz der krankhaften Veränderungen unterscheidet man vier Krankheitsformen, die jedoch auch zusammen auftreten können.

Abb. 13. Ausscheidung einer gesunden Taube: Gut geformter Kot; die weißen, zahnpastaähnlichen Bestandteile sind die Ausscheidungen der Niere (Harnsäurekristalle).

Abb. 14. Weicher, schleimiger Kot zu Beginn einer Darmstörung durch Bakterien oder Parasitenbefall.

Abb. 15. Krankhaft veränderter Kot bei Salmonellose: Die geringen Kotbestandteile liegen in einer schleimig-wäßrigen Pfütze mit weißen, flockigen Bestandteilen.

Abb. 16. Gelenkform der Salmonellose: Einseitige Fußgelenksentzündung mit starker Schwellung am linken Fuß.

Abb. 13

Abb. 14

Abb. 15

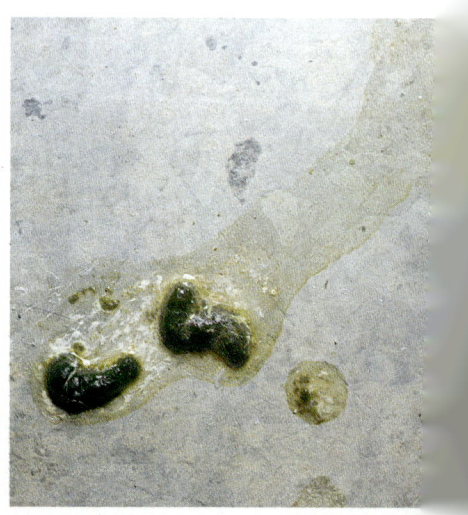

Abb. 16

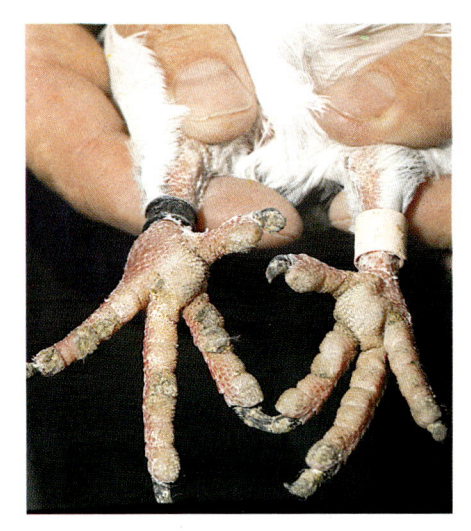

Salmonellose

■ Darmform:
Gelangen die Salmonellen in den Darm, dringen sie in die Darmwand ein und verursachen eine starke Entzündung. Als Folge tritt Durchfall auf, mit schmierig-wäßrigem, bräunlichem bis grünlichem Kot. Dieser ist übelriechend, von einer Pfütze umgeben und enthält breiige, unverdaute Futterbestandteile. Durch die entzündlich veränderten Darmbezirke können nicht mehr genügend Nährstoffe aus dem Verdauungsbrei in die Blutbahn überführt werden. Da der Organismus für die Aufrechterhaltung der Lebensvorgänge auf eine ständige Nährstoffzufuhr angewiesen ist, müssen die Körperreserven zur Energiegewinnung abgebaut werden. Zunächst wird der Blutzucker verbraucht, anschließend die Fettreserven. Sind diese Vorräte aufgebraucht, wird das körpereigene Eiweiß, d. h. das Muskelgewebe, abgebaut. Die Taube magert rasch ab.

■ Gelenkform:
Im Verdauungsbrei können sich die Salmonellen stark vermehren. Sie gelangen leicht durch die geschädigte Darmwand in die Blutbahn. Von dort können sie in alle Körperorgane ausgeschwemmt werden. Setzen sich die Erreger in den Gelenken fest, verursachen sie dort eine schmerzhafte Entzündung der Gelenkhaut. Der Körper reagiert durch eine vermehrte Bildung von Gelenkflüssigkeit. Die Gelenke schwellen deutlich an. Diese schmerzhafte Gelenkentzündung äußert sich durch Hängenlassen eines Flügels oder Hochziehen eines Beines. Damit versuchen die Tauben, die Gelenke zu entlasten und die Schmerzen zu lindern.

■ Organform:
Die Salmonellen vermehren sich auch in den verschiedenen Körperorganen. Bevorzugt werden Leber, Niere, Milz, Herz und Bauchspeicheldrüse angegriffen. Dort entstehen geschwürähnliche, speckige, graugelbliche Knoten. Die Organveränderungen sind nicht durch typische äußere Krankheitsmerkmale gekennzeichnet. Es treten vielmehr die Anzeichen einer Allgemeinerkrankung auf, wie Teilnahmslosigkeit, Kurzatmigkeit und rascher Verfall der Kräfte.

■ Nervöse Form:
Werden Gehirn und Rückenmark von den Salmonellen befallen, treten Entzündungen auf. Hierdurch wird ein verstärkter Druck auf die Nervenzellen ausgeübt, der zu Gleichgewichtsstörungen und Lähmungen führt.

2 Salmonellose

Der Verlauf der Salmonellose kann akut oder chronisch sein.

Besonders bei Jungtauben und bei geschwächten Alttauben sehen wir einen raschen und heftigen Verlauf der Salmonellose. Da diese Tiere dem Erreger keine Abwehr entgegensetzen können, kommt es zu einer schlagartigen Vermehrung der Salmonellen im gesamten Körper der Taube und zum plötzlichen Tod (akuter, septikämischer Verlauf).

Bei älteren Tauben ist ein schleichender, langwieriger (chronischer) Verlauf bezeichnend. Sie erkranken meist an der Darm-, Organ- oder Gelenkform. Die Sterblichkeit ist hier geringer. Im nervösen Stadium (Verdrehen des Kopfes) ist eine Heilung aussichtslos.

Tauben, die Salmonellose überstanden haben, werden oft zu Dauerausscheidern. Diese Gefahr besteht jedoch auch bei Tieren, die keine der aufgeführten Krankheitsanzeichen hatten (stumme Infektion).

Krankheitsfeststellung

Hohe Verluste bei der Aufzucht und Kümmern der Jungtiere lassen immer eine Salmonelleninfektion vermuten. Ein Verdacht besteht ferner bei Auftreten von Durchfall, bei Flügel- und Beinlähme.

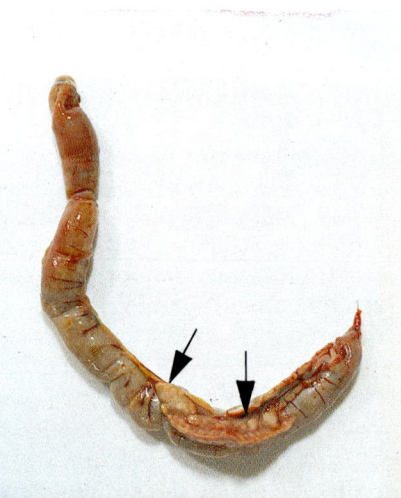

Abb. 17

Abb. 18

Abb. 19

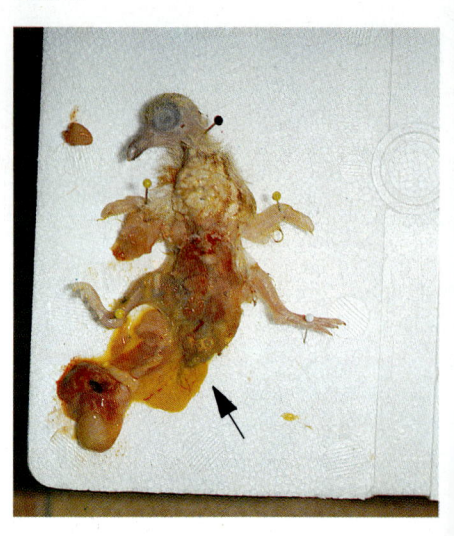

Abb. 20

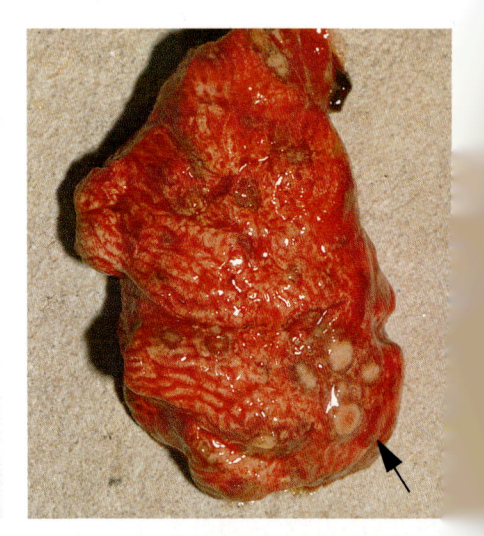

Abb. 22

Salmonellose

Ab. 17. Infolge einer Infektion mit Salmonel-
ı im Ei wurde der Dottersack nicht zurück-
bildet (Frühsterblichkeit der Küken).

Ab. 18. Nekrotische Herde in der Brust-
uskulatur bei Salmonellose (Pfeil).

Ab. 19. Verkäste Salmonelloseherde in der
uchspeicheldrüse (Pfeile).

Ab. 20. Salmonelloseherde in der Lunge
feil).

Ab. 21. Eileiterentzündung bei Salmonello-
mit grau-weißen, käsigen Ablagerungen
Eileiter.

Ab. 22. Salmonelloseherde in Brust- und
uchorganen: 1 Lunge, 2 Niere, 3 Hoden.

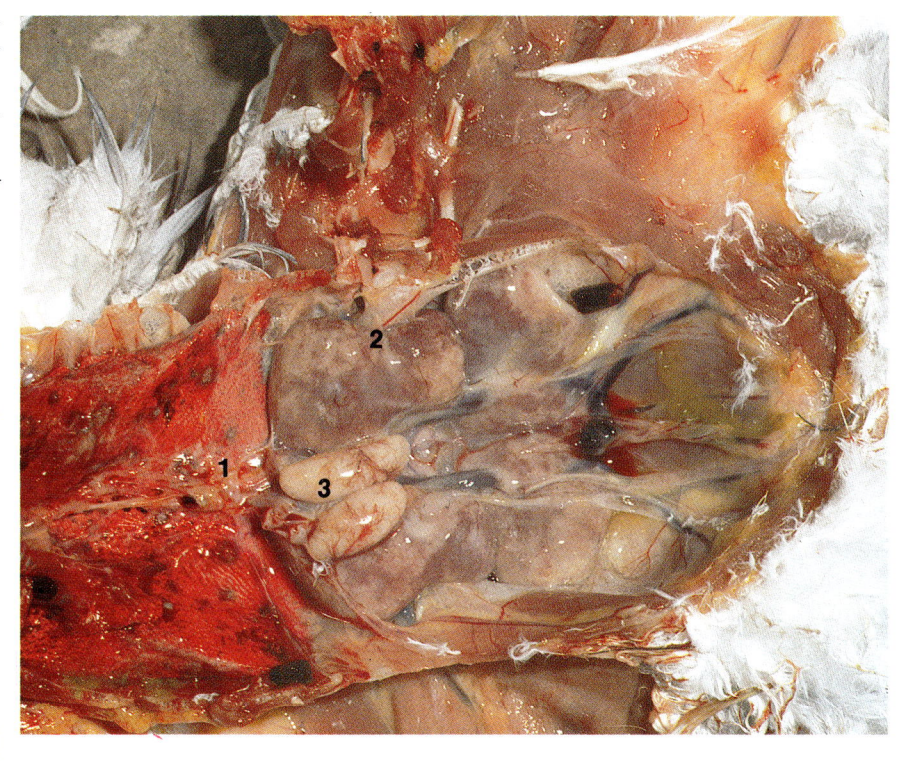

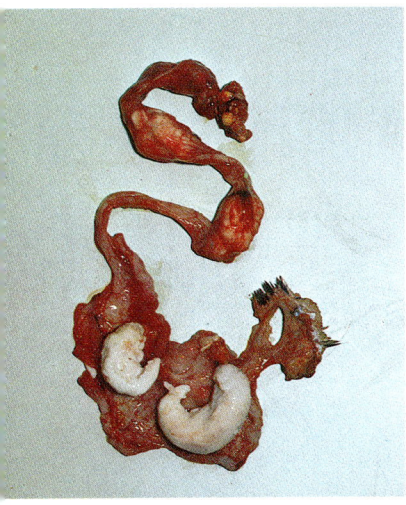

Ab. 21

Zur Feststellung der Salmonellose ist eine bakterielle Kotuntersuchung auf Salmonellen oder die Tierkörperuntersuchung erforderlich. Bei der Sektion einer Taube zeigen sich für Salmonellose typische Organveränderungen. Sind die Veränderungen an den Organen nicht eindeutig genug, so ist durch eine Anzüchtung der Bakterien aus Organgewebe der Erregernachweis zu führen.

Ein weiteres Hilfsmittel zur Krankheitsfeststellung ist die serologische Blutuntersuchung, bei welcher die im Blut gebildeten Abwehrstoffe (Antikörper) nachgewiesen werden. Diese Methode sagt allerdings nichts über den gegenwärtigen Stand der Infektion aus, sondern nur, daß sich das Tier mit Salmonellen auseinandergesetzt hat.

2 Salmonellose

Ähnliche Erkrankungen

Es gibt bei der Salmonellose zahlreiche Verwechslungsmöglichkeiten mit anderen Erkrankungen.

- Der Durchfall bei der Darmform hat Ähnlichkeit mit dem bei Haar- oder Spulwurmbefall, Kokzidiose und Vergiftungen. Durch eine bakteriologische Kotuntersuchung können diese Erkrankungen ausgeschlossen werden.

- Die Gelenkform muß gegenüber Knochenbrüchen und Verletzungen abgegrenzt werden, die jedoch immer nur Einzeltiere betreffen. Bei der Salmonellose durchseucht der gesamte Bestand, d. h. es treten nacheinander Tiere mit Gelenkveränderungen auf.
  Die knotigen, schmerzhaften Gelenkverdickungen bei der Gicht sind im Gegensatz zu denen bei der Gelenkform der Salmonellose durch Harnsäurekristalle knochenhart.

- Bei der nervösen Form müssen Mangelerscheinungen und Vergiftungen sowie die Paramyxovirose ausgeschlossen werden. Eine Unterscheidung ist nur durch den Erregernachweis im Labor möglich.

- Die Organform wird durch eine Tierkörperuntersuchung festgestellt. Ein ähnliches Krankheitsbild erzeugt in der Leber die Trichomoniasis („Gelber Knopf"). Die Veränderungen bei Trichomoniasis sind scharf abgegrenzte Herde von gelblicher Farbe.
  Die Veränderungen in der Lunge sind mit der Aspergillose zu verwechseln, die jedoch mehr oberflächliche, schwammartige Auflagerungen bildet.

- Da die Salmonellose bei Jungtauben häufig einen heftigen Verlauf mit rascher Todesfolge nimmt, läßt sich kein ausgeprägtes Krankheitsbild erkennen. Daher ähnelt die Erkrankung der akut verlaufenden Ornithose, von der sie nur durch eine bakteriologische Untersuchung abgegrenzt werden kann.

Abb. 23. An der Paramyxovirose erkrankte Tauben: Ähnliche Gleichgewichtsstörungen treten auch bei der Salmonellose auf.

Salmonellose

Behandlung

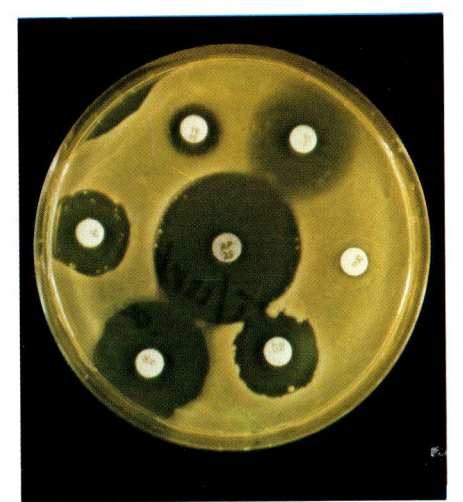

Abb. 24

Abb. 24. Mit Hilfe des Antibiogramms wird die Empfindlichkeit bakterieller Infektionserreger gegenüber Chemotherapeutika und Antibiotika abgeklärt.
Eine Empfindlichkeitsprüfung wird stets vor Einleitung der Bekämpfung einer bakteriellen Infektion durchgeführt, da ihr Erreger gegenüber einigen für die Behandlung in Frage kommenden antibakteriellen Substanzen unempfindlich sein kann.
Im Labor wird zur Resistenzprüfung zunächst der bakterielle Krankheitserreger aus vorliegendem Untersuchungsmaterial herausgezüchtet; dann wird mit diesem Stamm die Oberfläche eines Spezialnährbodens beimpft. Auf die Impfschicht werden runde Papierblättchen aufgelegt, die mit verschiedenen antibiotischen Substanzen getränkt sind.
Nach Bebrütung über Nacht ergeben die Hemmhöfe unterschiedlicher Ausdehnung den erwarteten Hinweis, ob der Bakterienstamm voll beziehungsweise wenig empfindlich oder gar resistent ist. Ein fehlender Hemmhof zeigt Resistenz an und beantwortet die Frage, mit welcher Wirksubstanz die Behandlung erkrankter Tauben nicht durchgeführt werden soll.

Vor Beginn der Behandlung werden schwer erkrankte Tiere ausgemerzt, wenn es sich nicht um wertvolle Zuchttiere handelt. Die Heilung einer solchen Taube nimmt erfahrungsgemäß oft längere Zeit in Anspruch und verursacht nicht unerhebliche Kosten, ohne daß die Sicherheit der endgültigen Heilung gegeben ist. Vor allem können gerade derartige Tauben Keimträger bleiben, die dann für die geheilten Tiere eine neue Infektionsquelle sind.

Die Sanierung des Bestandes steht im Vordergrund aller notwendigen Maßnahmen. Bei der Bestandsbehandlung erfolgt die Auswahl des geeigneten Medikaments mit Hilfe eines Resistenztestes.

Zur Behandlung der Salmonellose und zur Sanierung des Bestandes sind folgende Maßnahmen durchzuführen:

■ **Schwer erkrankte, wertvolle Tiere mit ausgeprägten Krankheitsanzeichen:**
Zur Verhinderung der weiteren Ausbreitung der Salmonellen im Körper Injektion von 0,5 ml SALMOSAN-T unter die Nackenhaut; Injektion alle 6 bis 8 Stunden wiederholen; Dauer 2 Tage oder 0,5 ml OXYTETRACYCLIN; 2–3mal im Abstand von 24 Stunden.

■ **Schwer erkrankte Tiere und alle anderen Tiere des Bestandes:**
Die Trinkwasserbehandlung zur Bestandsanierung wird in drei Abschnitten vorgenommen:

1. Abschnitt:
1 Beutel AMPICILLIN-T oder CHLORAMPHENICOL-PLUS auf 1 Liter Wasser; Dauer 5 Tage, dann 2 Tage Behandlungspause. Am ersten Tag der Pause 1 Beutel LIVIFERM und 1 Beutel MULTIVITAMIN-EB 12 auf 2 Liter Wasser, am zweiten Tag nur frisches Wasser verabreichen.

2. Abschnitt:
Wiederholung des 1. Abschnittes.

3. Abschnitt (Nachbehandlung).
1 Beutel FURAZOLIDON-PLUS auf 2 Liter Wasser über 4 Wochen an 2 Tagen der Woche verabreichen. Am Tage nach Abschluß der wöchentlichen Behandlung 1 Beutel LIVIFERM und 1 Beutel MULTIVITAMIN-EB 12 auf 4 Liter Wasser geben.

Salmonellose

■ Desinfektion:

Während des Behandlungszeitraumes Schlag, Voliere und Geräte reinigen. Vor allem regelmäßig, d. h. täglich, den Kot beseitigen, mit dem Salmonellen ausgeschieden werden können.

Desinfektion mit CHEVI 45 (2%ig) zweimal im Abstand von 1 Woche während der Trinkwasserbehandlung und nach Abschluß der Behandlung.

Kot und Futterreste unschädlich in abdeckbarem Gefäß (Tonne mit Deckel) beseitigen.

■ Kontrolle:

Der Behandlungsausgang wird durch die Untersuchung von Kotproben 14 Tage nach Abschluß des dritten Behandlungsabschnittes kontrolliert. Dies geschieht vor allem deshalb, um verbliebene Keimträger, die Dauerausscheider von Salmonellen, zu ermitteln. Für diese Untersuchungen, die zweckmäßig dreimal im Abstand von 14 Tagen durchgeführt werden, sollen Sammel- und Einzelkotproben eingesandt werden, mit Kotanteilen des Tages und der Nacht. Die Krankheitserreger werden oft schubweise und in unregelmäßigen Zeitabständen ausgeschieden. Vor der Probeentnahme acht bis zehn Tage keine chemotherapeutischen Arzneimittel verabreichen, da diese das Ergebnis der Untersuchung erheblich beeinträchtigen können!

■ Besonderer Hinweis:

Die Trinkwasserbehandlung hat auch Nachteile. Bei allen zur Bekämpfung der Salmonellose verwendeten Medikamenten treten geschmackliche Veränderungen des Wassers auf. Das Wasser wird insgesamt schlechter aufgenommen, bei einzelnen Tieren kommt es zur völligen Verweigerung. Dadurch wird nicht genügend oder kein Wirkstoff aufgenommen. Eine Kontrolle der Wirkstoffaufnahme ist bei Verabreichung über die Tränke nicht möglich.

Die Injektion oder die Verabreichung über Kapseln ist zwar sicher, aber arbeitsaufwendig. Deshalb sind diese Behandlungsmethoden nur für die Einzeltieranwendung geeignet.

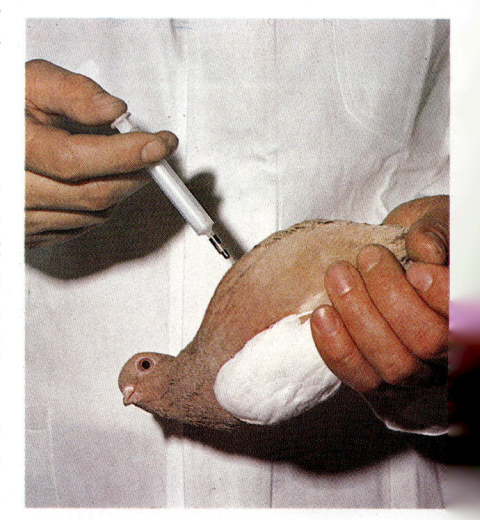

Abb. 25

2

Salmonellose

Abb. 25. Von einer Person ausgeführte Injektion in den Brustmuskel.

Abb. 26–28. Die Verabreichung von Arzneimitteln über das Futter: Den Beutel oben aufreißen und 5 Milliliter Wasser hinzufügen (Abb. 26). Den Rand des Beutels durch mehrmaliges Umknicken verschließen und gut schütteln. Die Aufschwemmung über das Futter gießen (Abb. 27), und den Beutel nochmals mit 5 Milliliter Wasser ausspülen. Anschließend das Futter gut durchmischen (Abb. 28). Gegenüber der Verabreichung über das Trinkwasser ist ein Wirkstoffverlust von maximal 5% zu erwarten.

Das Medikament zur Trinkwasserbehandlung kann auch über das Futter gegeben werden. Man füttert die Tiere vor Beginn der Behandlung für eine Mahlzeit nur knapp, um ein Hungergefühl zu erzeugen. Zur Behandlung über das Futter wird der Beutel oben aufgerissen und 5 Milliliter Wasser hinzugefügt. Dann wird der Beutel durch mehrmaliges Umknicken wieder verschlossen, geschüttelt und diese Aufschwemmung über das Futter geschüttet. Der gleiche Vorgang wird nochmals mit 5 Milliliter Wasser wiederholt und anschließend das Futter gut durchmischt. Die Dosierung für die Futterverabreichung läßt sich aus den Angaben für die Trinkwasserbehandlung ableiten: Wird z. B. angegeben, ein Beutel für 2 Liter Trinkwasser, so deckt diese Menge den täglichen Wasserbedarf für 40 mittelschwere Tauben. Der Beutelinhalt sollte dann bei der Futterverabreichung unter die halbe Körnerration einer Mahlzeit für 40 Tauben gemischt werden. Ist die so behandelte Futtermenge aufgefressen, wird der noch fehlende Teil der Ration verabreicht. Bei diesem Verfahren ist nach eigenen Erfahrungen gegenüber der Trinkwasserbehandlung nur ein Wirkstoffverlust von maximal 5 Prozent zu erwarten.

Die Verabreichung über das Futter hat auch den Vorteil, daß sich die Tauben ihr Gefieder nicht mit verfärbtem Wasser verschmutzen.

Abb. 26

Abb. 27

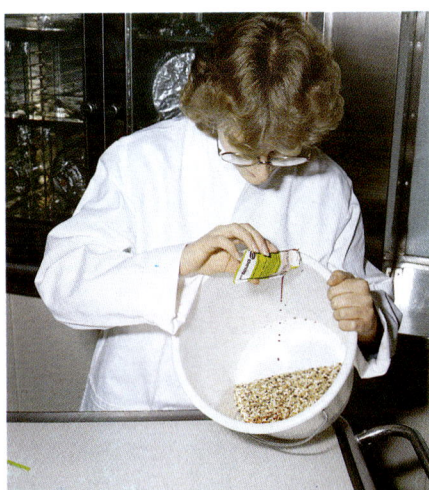

Abb. 28

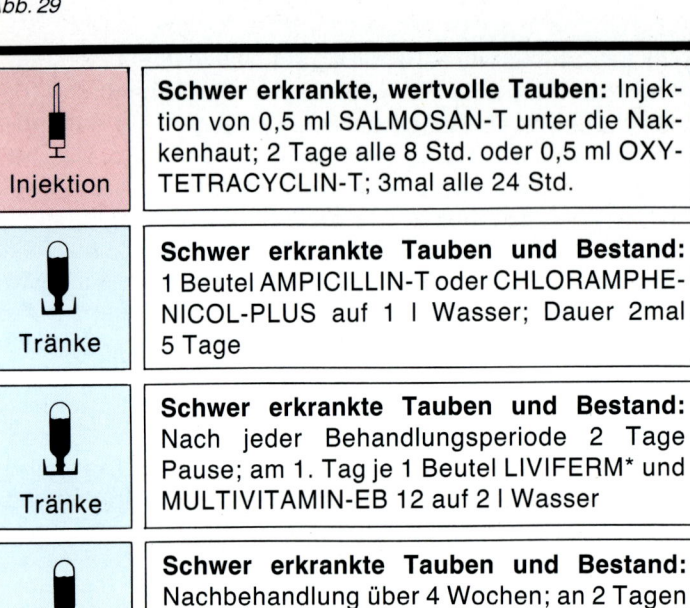

Salmonellose

Abb. 29

Injektion		**Schwer erkrankte, wertvolle Tauben:** Injektion von 0,5 ml SALMOSAN-T unter die Nackenhaut; 2 Tage alle 8 Std. oder 0,5 ml OXYTETRACYCLIN-T; 3mal alle 24 Std.	1. u. 2. Tag od. 1., 2. u. 3.Tag
Tränke		**Schwer erkrankte Tauben und Bestand:** 1 Beutel AMPICILLIN-T oder CHLORAMPHENICOL-PLUS auf 1 l Wasser; Dauer 2mal 5 Tage	1.—5. und 8.—12. Tag
Tränke		**Schwer erkrankte Tauben und Bestand:** Nach jeder Behandlungsperiode 2 Tage Pause; am 1. Tag je 1 Beutel LIVIFERM* und MULTIVITAMIN-EB 12 auf 2 l Wasser	6. u. 13. Tag
Tränke		**Schwer erkrankte Tauben und Bestand:** Nachbehandlung über 4 Wochen; an 2 Tagen der Woche 1 Beutel FURAZOLIDON-PLUS auf 2 l Wasser; ebenso LIVIFERM* (s. S. 31)	3., 4., 5., 6. Woche
Hygiene		**Desinfektion:** Während der Behandlung mehrmals Schlag, Voliere und Geräte reinigen und mit CHEVI 45 (2%ig) desinfizieren; Kot täglich entfernen	6., 13., 30. Tag
Kontrolle		**Nachuntersuchung:** Nach Abschluß der Behandlung Kot auf Salmonellen untersuchen; 3 mal im Abstand von 14 Tagen wiederholen	8., 10., 12. Woche

Vorbeuge

Die gezielte Vorbeuge gegen Salmonellose umfaßt folgende Maßnahmen:

■ Gesunde Bestände sollten im Herbst und im Frühjahr vorsorglich auf das Vorhandensein von Salmonellen untersucht werden (bakteriologische Kotuntersuchung).

Abb. 29. Behandlungsschema bei Salmonellose.

* LIVIFERM

LIVIFERM ist ein biologisches Arzneimittel (Probiotikum). Das antibiotikafreie Produkt enthält vermehrungsfähige, getrocknete Bakterien sowie verschiedene Vitamine des B-Komplexes. Bakterien sind lebensnotwendig für eine gesunde Darmflora von Mensch und Tier. LIVIFERM enthält eine milchsäurebildende Bakterienart der Gattung Enterococcus faecium, die so konserviert wurde, daß sie nachweislich unbeschadet die Magenpassage übersteht und vermehrungsfähig den Darmtrakt erreicht. Im Darmtrakt erfolgt dann die Revitalisierung. Die oral verabreichten Bakterienkulturen vermehren sich dort rasch und bilden Milchsäure.

Der positive Einfluß von LIVIFERM beruht auf dem Zusammenspiel mehrerer Wirkungsmechanismen:

● Durch die Stabilisierung des sauren Milieus im Darm wird die Vermehrung unerwünschter und krankmachender Darmbewohner, deren Wachstumsoptimum im alkalischen Bereich liegt, gehemmt. Gleichzeitig fördert dieses saure Milieu die Ausbildung der erwünschten, nützlichen Darmflora (Laktoflora). Dadurch wird die Eubiose, d. h. die ausgeglichene mikrobielle Besiedelung des Darmtraktes, stabilisiert oder wiederhergestellt.

● Die in LIVIFERM enthaltenen Bakterien haften schon nach kurzer Zeit an den Darmzotten an. Dabei werden auch eventuell vorhandene krankmachende Erreger von den Zotten abgelöst. Die Milchsäurebakterien umhüllen rasch die Darmzotten und bilden einen Schutzschild, der das Anhaften von krankmachenden Erregern erschwert oder verhindert.

● Durch die Stabilisierung oder Wiederherstellung der physiologischen Darmflora wird die Nährstoffresorption und damit die Futterverwertung verbessert. Dies ist eine wichtige Voraussetzung für die rasche Genesung nach Erkrankungen und die zügige Wiederherstellung der Leistungsfähigkeit nach Belastungen.

Aufgrund der beschriebenen Wirkungsmechanismen der in LIVIFERM enthaltenen Bakterien

Salmonellose

ergeben sich zwei Hauptanwendungsgebiete:
- Bei nichtinfektiösen Darmstörungen mit Durchfall (z. B. in Streßsituationen) kann der frühzeitige Einsatz des Probiotikums LIVI-FERM eine eventuelle bakterielle oder virale Infektion verhindern. Die Darmstörung kann durch die milchsäurebildenden Bakterien und damit durch die Wiederherstellung der physiologischen Darmflora beseitigt werden.
- Bei der Bekämpfung von Endoparasiten (z. B. Wurmkur, Kokziosebehandlung) kann eine Unstimmigkeit im Darm entstehen.

Bei Infektionen, wie z. B. Salmonellose, Schnupfen oder Ornithose, ist der Einsatz von Antibiotika erforderlich. Dabei ist es unvermeidlich, daß die Darmflora mehr oder weniger beeinträchtigt wird.

Es dauert immer eine längere Zeit, bis sich die Darmflora wieder normalisiert. Durch den Einsatz von LIVIFERM nach Absetzen des Antibiotikums wird diese Zeitspanne erheblich verkürzt. Der Behandlungseffekt wird so verbessert und das Risiko einer erneuten Darminfektion verringert.

Die in LIVIFERM enthaltenen Vitamine des B-Komplexes fördern zusätzlich den Stoffwechsel. LIVIFERM ersetzt nicht die notwendigen Behandlungsmaßnahmen, wie z. B. eine Wurmkur oder die Salmonellosebehandlung mit Antibiotika, sondern fördert ausschließlich die Wiederherstellung der Darmfunktion. Damit wird die Genesung beschleunigt und die körpereigene Widerstandskraft wiederhergestellt.

- Befallene Bestände müssen nach Abschluß der Behandlung mehrmals durch eine bakteriologische Kotuntersuchung auf Dauerausscheider untersucht werden. Liegen in Sammelkotproben Salmonellen vor, muß man von allen Tauben dieser Gruppe erneut Einzelkotproben untersuchen lassen. Danach werden vorhandene Ausscheider erkannt, isoliert und nachbehandelt oder ausgemerzt.
- Zugekaufte Tauben sollten sofort nach Übernahme für 6 Tage 1—2 Kapseln FURAZOLIDON-PLUS pro Tier und Tag erhalten, um eine Ansteckung des Bestandes zu verhindern und eine versteckte Salmonelleninfektion bei den Zukauftieren selbst zu behandeln.
- Da bei Ausstellungen eine erhöhte Ansteckungsgefahr besteht, ist eine vorbeugende Behandlung mit FURAZOLIDON-PLUS über 3 Tage bei der Rückkehr der Tauben einzuleiten.

Weitere vorbeugende Maßnahmen, die bei allen Infektionskrankheiten notwendig sind:

- In Verdachtsfällen sollten verendete Tauben in einem veterinärmedizinischen Untersuchungslabor auf Salmonellen untersucht werden.
- Alle Tauben mit starker Abmagerung oder mit deutlich sichtbaren Krankheitsanzeichen (z. B. bei der Salmonellose mit nervösen Störungen) ausmerzen und den verbleibenden Bestand nach Resistenztest behandeln.
- Bei seuchenartigem Auftreten der Erkrankung sollte nach Möglichkeit der gesamte Bestand ausgemerzt werden und die Zucht neu mit salmonellenfreien Tieren begonnen werden. Ausnahmen sollten nur bei sehr wertvollen Tauben und bei sehr seltenen Rassen gemacht werden.
- Den Kontakt der Bestände mit verwilderten Haustauben, Geflügel (besonders Wassergeflügel) und Wildvögeln verhindern, da diese sehr oft Träger von Salmonellen sind.
- Schlag, Voliere und Geräte regelmäßig gründlich reinigen und anschließend desinfizieren (CHEVI 45, 2%ig).
- Die Tauben müssen hygienisch einwandfrei gehalten, vollwertig ernährt und vor sonstigen resistenzschwächenden Faktoren geschützt werden.
- Das Futter unzugänglich für Mäuse und Ratten lagern. Die Bekämpfung von Mäusen und Ratten ist unbedingt erforderlich, da diese oft Träger von Salmonellen sind.
- Abgesetzte Jungtauben müssen von den Alttauben getrennt in einem Jungtierschlag untergebracht werden.

2 Trichomoniasis („Gelber Knopf")

Trichomoniasis

Begriff/ Vorkommen

Der „Gelbe Knopf" ist eine weitverbreitete Infektionskrankheit. Rund 80 Prozent der Tauben sind von den Erregern befallen, wobei erwachsene Tiere selten sichtbar erkranken. Bei Jungtieren kommt es häufig zu einer schweren Infektion mit Todesfolge.

Abb. 30

Erreger/ Infektionsweg

Der Erreger der Trichomoniasis, Trichomonas gallinae oder columbae, ist ein einzelliges, mikroskopisch kleines Geißeltierchen (Flagellat), das den Protozoen zugeordnet wird. Es ist in der Lage, sich selbständig in Flüssigkeiten (z. B. Schnabel- und Rachenschleim) fortzubewegen.
Bei vielen Tauben beobachtet man kleine, stecknadelkopfgroße, gelbliche Herde im Rachen- und Schlundbereich. Es handelt sich dabei oft um Ansammlungen des Erregers, welche wie kleine, gelbe Knöpfe aussehen. Alttauben leben meist ohne nennenswerte Beeinträchtigung mit dem Erreger. Es entsteht eine Art Gleichgewicht zwischen dem Erreger und der Abwehr des Taubenkörpers. Nur wenn solche Tiere durch Belastungen stark in der Körperabwehr geschwächt werden, kann es zu überschießenden Erregervermehrungen kommen. Die geringfügige, unscheinbare Trichomonaden-Infektion schlägt dann in eine ernsthafte Erkrankung um.

Abb. 30. Taube mit der Rachenform de[s] „Gelben Knopfes". Diese Jungtaube wa[r] gleichzeitig an Ornithose erkrankt.

Abb. 31. Punktförmige Trichomonadena[n]sammlung im Rachen bei einer Taube, d[ie] keinerlei Beschwerden zeigte.

Abb. 31

2 Trichomoniasis

Derartige Belastungen können sein: Zu starke Beanspruchung in der Zucht, Schwächung durch Darmparasitenbefall, Salmonellose, Atemwegserkrankungen oder der erste Federschub der Jungen.

Zum Durchbruch der Infektion kann ebenfalls ein übermäßig starker Infektionsdruck führen, d. h. wenn eine zu große Anzahl von Erregern schlagartig in die Taube gelangt und die Abwehrkräfte des Tieres nicht ausreichen. Dabei gilt: Je schwächer das Tier, desto geringer kann die Erregerzahl sein, die zu einer Erkrankung führt! Dies trifft besonders bei Taubenküken zu, die nach dem Schlupf keine Abwehrkräfte gegen Trichomonaden besitzen. Wenn das Tier anfangs nur mit einer geringen Erregerzahl infiziert wird, kann es eine körpereigene Abwehr aufbauen, die dann durch eine ständige, geringe Infektion erhalten bleibt. Diese Besonderheit ist bei der Vorbeuge gegen den „Gelben Knopf" zu berücksichtigen.

Das Eindringen der Erreger in die Schleimhaut wird durch kleine Verletzungen erleichtert. Die Gefahr von Verletzungen ist bei den Nestlingen besonders groß, wenn die Alttiere anfangen, Körner zu füttern. Die Spelzen und Grannen setzen leicht kleine Verletzungen im Schlund- und Rachenraum der Taubenküken. So entsteht die Rachenform der Trichomoniasis.

Bei der Infektion in der Nabelgegend gelangen die Erreger von der Nistschale in den noch nicht geschlossenen Nabel des Taubenkükens. Die Nistschalen werden durch erregerhaltige Kropfmilch, die beim Füttern der Jungen auf den Nistschalenboden tropft, infiziert.

Krankheitsanzeichen und -verlauf

Massiv befallene Tiere, insbesondere mit der Organform, werden ungefähr eine Woche nach der Infektion zusehends matter und plustern das Gefieder auf. Es folgen Verdauungsstörungen, die zu Durchfall und Abmagerung, gesteigerter Wasseraufnahme und vermindertem Futterverzehr führen.

Die körperliche Verfassung der Tauben beeinflußt den Krankheitsverlauf. Bei jungen Tieren kommt es wegen der fehlenden Abwehrkräfte meist zu einer sich rasch ausbreitenden Rachenform, die nach kurzer Zeit zum Tod führen kann.

Die Veränderungen an den inneren Organen benötigen längere Zeit. Nach einem Siechtum von zwei bis drei Wochen verenden die an der Organform erkrankten Tiere.

Tricho-moniasis

Man unterscheidet drei Krankheitsformen:

- **Rachenform:**
Bei der Rachenform sieht man beim Öffnen des Schnabels im Rachen käsige, gelbe Gebilde. Diese bis zu bohnengroßen „Knöpfe" behindern die Futter- und Wasseraufnahme sowie die Atmung. In Einzelfällen kann man die Wucherungen auf allen Schleimhäuten des Nasen- und Rachenraumes antreffen, als gleichmäßig verteilte Auflagerung mit stecknadelkopfgroßen Herden.

- **Nabelform:**
Bei dieser Form der Erkrankung dringen die Erreger von der infizierten Nistschale über den noch nicht geschlossenen Nabel der Küken in den Körper ein. Es entsteht eine Geschwulst unter der Haut, die beim Aufschneiden den käsigen, krümeligen „Gelben Knopf" erkennen läßt. In vielen Fällen kommt die Infektion hier in Form eines abgegrenzten Herdes zum Stillstand.

- **Organform:**
Kommt die Infektion im Nabel oder im Rachen nicht zum Stillstand, greifen die Erreger auf verschiedene innere Organe über und rufen erhebliche Veränderungen hervor. Besonders in der Leber entstehen grobe, gelbkäsige, geschichtete und scharf abgegrenzte Herde, die tief in das Organgewebe eingebettet sind. Das Organgewebe stirbt an den befallenen Stellen ab. Die Organveränderungen sind nur bei der Sektion des Tieres zu sehen. Äußerlich zeigen sich keine typischen Krankheitsanzeichen. Man beobachtet nur die Anzeichen einer Allgemeinerkrankung wie Abgeschlagenheit, Teilnahmslosigkeit und aufgeplustertes Gefieder sowie Durchfall, Abmagerung und Entkräftung. Tiere, welche die Organform der Trichomoniasis überstehen, haben bleibende Schäden erlitten. Auch sind solche Tiere zeitlebens gegen andere Erkrankungen, wie z. B. Salmonellose, erhöht anfällig.

Krankheitsfeststellung

Durch einen Kropfausstrich bei nüchternen Tauben wird Rachenschleim mit einem Tupfer entnommen und mikroskopisch untersucht. Im Lichtmikroskop kann man die Erreger deutlich erkennen. Da jedoch fast jede Alttaube Träger von Trichomonaden ist, ohne sichtbar krank zu sein, müssen zur Krankheitsfeststellung in erster Linie die beschriebenen Rachen- und Organveränderungen herangezogen werden.

Abb. 32

Abb. 33

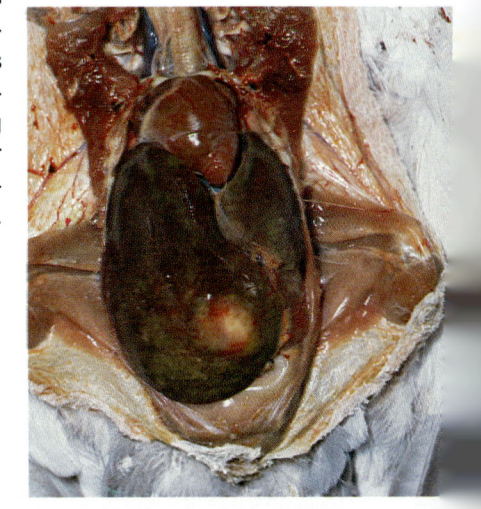

Abb. 32. Etwa kirschkerngroßer „Gelber Knopf" im Schlund (eröffnet): Die Futter- und Wasseraufnahme sind behindert. Durch Druck auf die Luftröhre kommt es zu Atembeschwerden.

Abb. 33. „Gelber Knopf" in der Leber: Grober, gelbkäsiger und scharf abgegrenzter Herd, der tief in das Organgewebe eingebettet ist.

Abb. 34. Schleimhautform der Pocken: Die Erkrankung kann leicht mit dem „Gelben Knopf" verwechselt werden. Bei den Schleimhautpocken handelt es sich im Gegensatz zum „Gelben Knopf" um fest mit der Unterlage verwachsene Hautwucherungen.

Abb. 35. Organform der Trichomoniasis: Die Erreger sind über den Nabel in die Bauchhöhle eingedrungen und haben alle Brust- und Bauchorgane angegriffen.

Abb. 35

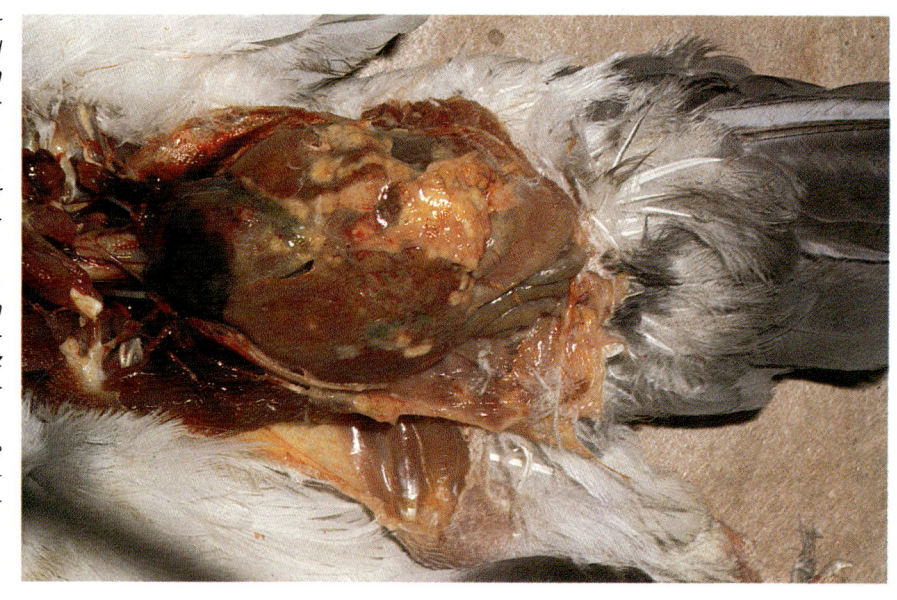

Abb. 34

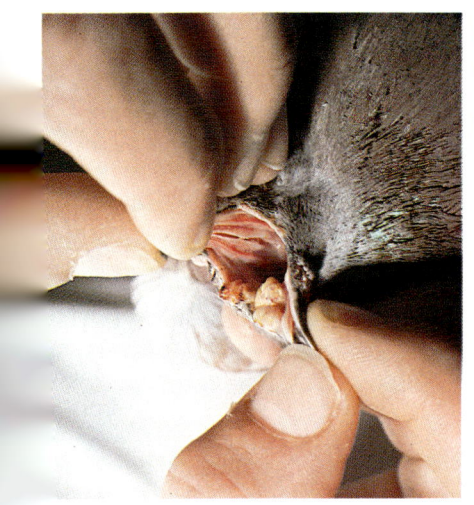

Trichomoniasis

Am lebenden Tier ist eine gründliche Untersuchung des Schnabel- und Rachenraumes, der Nabelgegend und der Kloake vorzunehmen.

Bei der Tierkörperuntersuchung fallen die typischen Trichomonadenherde in den Organen, besonders in der Leber, auf.

- Die Schleimhautform der Pocken kann mit der Rachenform des „Gelben Knopfes" verwechselt werden. Beim „Gelben Knopf" handelt es sich um oberflächliche, käsig-krümelige Beläge auf der Schleimhaut, die herausgelöst werden können. Dabei kommt es zu unangenehmen Blutungen. Die Pocken dagegen sind rissige Hautwucherungen.

- Die Veränderungen in den Organen können mit denen bei der Salmonellose verwechselt werden. Trichomoniasis erzeugt in der Leber gelbe, klar umschriebene, in das Organ eingebettete Knoten. Bei der Salmonellose handelt es sich mehr um graue, speckige Herde. Beim Vorliegen der Organform der Trichomoniasis sind fast immer zusätzliche Veränderungen im Rachen oder am Nabel zu finden, die auf die Trichomonaden-Infektion hindeuten.

Ähnliche Erkrankungen

Trichomoniasis

Bei der Behandlung des „Gelben Knopfes" müssen an das Medikament mehrere Forderungen gestellt werden: Es muß zunächst gegen die Trichomonaden selbst wirksam sein, es muß die häufig mit der Trichomoniasis auftretenden Zusatzinfektionen bekämpfen, es muß die Vermehrung von Bakterien, welche dem Erreger der Trichomoniasis als Nahrung dienen, verhindern und es muß die Ausheilung der entstandenen Schleimhautverletzungen beschleunigen. Das Präparat GABBROCOL erfüllt diese Anforderungen. Durch die gleichzeitige Wirkung von Dimetridazol gegen die Trichomonaden und die von Aminosidin gegen die Bakterien wird die Abheilung der Schleimhautverletzungen wesentlich beschleunigt.

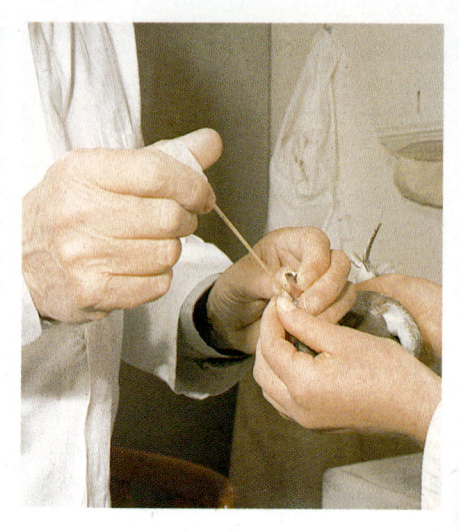

Abb. 36

Behandlung

Die wichtigsten Maßnahmen bei der Behandlung der Trichomoniasis sind:

- **Schwer erkrankte Tiere:**
  Bei gelben Auflagerungen im Rachen werden die Tauben zunächst lokal behandelt. Man stellt eine Lösung aus einem Beutel GABBROCOL in 1 Liter Wasser her. Mit dieser Lösung bestreicht man die Beläge mehrmals mit einem weichen Pinsel. 3—5 ml dieser Lösung flößt man der Taube mit einer Pipette direkt in den Kropf ein.

- **Schwer erkrankte Tiere und alle anderen Tiere des Bestandes:**
  Alle Tauben des Bestandes werden über das Trinkwasser behandelt mit 1 Beutel GABBROCOL auf 1 Liter Wasser; Dauer der Verabreichung 7 Tage.

- **Besondere Hinweise:**
  In der Regel wird das Medikament bei Verabreichung über das Trinkwasser gut aufgenommen. Sollten dennoch bei einzelnen Tauben Probleme beim Tränken auftreten oder die Wasseraufnahme insgesamt vermindert sein, kann das Medikament, wie bei der Salmonellose beschrieben, ebenfalls über das Futter verabreicht werden.

Abb. 37

Abb. 38

Trichomoniasis

Manuell	**Schwer erkrankte Tiere:** Lösung herstellen von 1 Beutel GABBROCOL auf 1 Liter Wasser; mit der Lösung: Bepinseln der Herde und Eingabe von 3 bis 5 ml	sofort
Tränke	**Schwer erkrankte Tiere und Bestand:** 1 Beutel GABBROCOL auf 1 Liter Wasser; Dauer der Verabreichung 7 Tage	1.—7. Tag

Vorbeuge

Zur Eindämmung der Trichomonaden-Infektion, die bei Tauben immer wieder auftritt, sollte generell zweimal im Jahr im Abstand von 3—4 Monaten eine vorbeugende Behandlung durchgeführt werden (1 Beutel GABBROCOL auf 1 Liter Wasser über 3 Tage). Dieser Behandlung werden alle Tauben des Bestandes unterzogen.

In jeder Brutperiode, fünf Tage vor dem Schlupf der Jungen, sollten die Elterntiere zusätzlich behandelt werden (1 Kapsel GABBROCOL pro Tier einmal verabreichen). Die Erreger werden dadurch vorübergehend in den Alttieren abgetötet, zumindest stark reduziert. Die Tauben bleiben aber nicht frei von Erregern, sondern nach Abschluß der Behandlung kommt es wieder zu einer langsam ansteigenden Besiedlung mit Trichomonaden.

Abb. 36. Betupfen der Beläge im Rachen.

Abb. 37. Eingabe einer Kapsel: Wichtig ist das Anfeuchten der Gelatinekapseln vor der Verabreichung.

Abb. 38. Behandlungsschema bei Trichomoniasis.

Die Jungtiere werden zunächst mit einer sehr geringen, dann stärker werdenden Anzahl von Erregern konfrontiert und sind in der Lage, eine Abwehr gegen den „Gelben Knopf" aufzubauen, ohne zu erkranken. Einen Taubenbestand frei von Trichomonaden zu machen, ist nicht möglich. Daher ist die vorbeugende Behandlung der Alttauben in der besonders kritischen Brutzeit bei jeder Brut zu wiederholen.

2 Ornithose

Ornithose

Begriff/Vorkommen

Die Ornithose, eine durch Chlamydien hervorgerufene Infektionskrankheit, ist vom Tier auf den Menschen übertragbar (Zoonose).

Die Krankheitsfälle häufen sich in den Monaten Mai bis Juli und Oktober bis Dezember.

Nur bei Jungtauben ist die Ornithose eine verlustreiche Seuche. Werden Alttauben infiziert, zeigen sie meist keine oder nur angedeutete Krankheitsanzeichen.

Erreger/Infektionsweg

Die Ornithose tritt oft gemeinsam mit dem ansteckenden Schnupfen auf.

Der Ornithoseerreger wird heute in die Gattung der Rickettsien eingestuft, eine Erregergruppe, die eine Übergangsform von den Viren zu den Bakterien darstellt. Nach neuesten Erkenntnissen ist der Erreger der Ornithose mit dem der Psittakose (Papageienkrankheit) identisch.

Die Chlamydien werden mit dem Kot, der Tränenflüssigkeit, dem Schnabel- oder Rachenschleim und der Kropfmilch ausgeschieden. Sowohl sichtbar erkrankte als auch verborgen infizierte Tauben können Ausscheider sein.

Die Ansteckung erfolgt durch Einatmen von erregerhaltigem Staub, durch Aufnahme von verseuchtem Futter oder Wasser sowie beim Schnäbeln oder Füttern der Jungtauben.

Krankheitsanzeichen und -verlauf

Auch bei der Ornithose beobachtet man zu Beginn der Erkrankung ein gestörtes Allgemeinbefinden wie nachlassende Lebhaftigkeit, verminderte Futteraufnahme, erhöhter Wasserverbrauch, Leistungsabfall und hohe Aufzuchtverluste. Bei einzelnen Tauben zeigt sich eine meist einseitige Lidbindehautentzündung. Die Tiere reagieren auf helles Licht empfindlich und kneifen die Augen zu. Durch den Entzündungsprozeß wird der Tränenkanal verengt und gleichzeitig verstärkt Tränenflüssigkeit produziert. Diese kann über den Tränenkanal nicht ausreichend abfließen und tritt über das Lid aus. Der Ausfluß ist anfangs wäßrig, später wäßrig-schleimig und wird schließlich bei Hinzutreten anderer bakterieller Infektionen schleimig-eitrig. Die Augenlider verkleben und die Tränenflüssigkeit staut sich an, so daß eine Ausbuchtung der geschlossenen Augenlider folgt. Hält der Entzündungsprozeß längere Zeit an, kommt es zu einer Hornhauttrübung mit Erblindung. In der Regel klingt jedoch die Bindehautentzündung auch

Abb. 39 und 40. Hochgradige, einseitige Entzündung des gesamten Auges, das zusätzlich durch Eitererreger infiziert wurde.

Abb. 41. Atmung bei halbgeöffnetem Schnabel: Bei Ornithose tritt diese Erscheinung auf, wenn Luftsäcke und Lungen befallen sind.

Abb. 39

Ornithose

Abb. 41

Abb. 40

ohne Behandlung innerhalb von einer Woche ab. Es bleibt ein Juckreiz bestehen. Die Tauben versuchen, sich Linderung zu verschaffen, indem sie mit dem Flügel über die Augen streichen. Dadurch entsteht das für die Ornithose charakteristische Bild, daß bestimmte Deckfedern der Flügel verklebt sind.

Nacheinander werden nach dem ersten Krankheitsfall mehrere Tauben des Bestandes die gleichen Lidbindehautentzündungen zeigen. Es erkranken immer nur wenige Tiere gleichzeitig, so daß die Durchseuchung des Bestandes drei bis vier Wochen dauert.

Vielfach greift das Krankheitsgeschehen auf die oberen Luftwege über. Es stellt sich Nasenkatarrh ein mit anfangs wäßrigem, später gelblich-schleimigem Nasenausfluß. Die Nasenlöcher verstopfen, die Taube atmet durch den halbgeöffneten Schnabel. Durch die Entzündung entstehen Schmerz und Juckreiz, den die Tiere durch häufiges Kratzen beseitigen wollen. Auch versucht die Taube durch Niesen und Kopfschleudern, ähnlich wie beim ansteckenden Schnupfen, die Luftwege freizubekommen. Dadurch werden die Kopffedern und die Nasenwarzen stark verschmutzt.

Die Chlamydieninfektion kann sich zu einer starken Lungenentzündung ausweiten, die in eine Luftsackentzündung übergeht. Es entsteht der sogenannte „Röchelschnupfen", bei dem typisches Röcheln oder Schniefen zu hören ist. Bei der Entzündung der oberen Luftwege liegt meist eine Mischinfektion von Chlamydien und Mycoplasmen vor.

Die heftige Verlaufsform der Ornithose findet man vielfach bei Jungtieren in der 2. bis 3. Lebenswoche. In ornithoseverseuchten Beständen verenden bis zu 80 Prozent der Jungen.

Einen mehr schleichenden Verlauf mit nur vereinzelten, schwach ausgeprägten Krankheitsfällen beobachtet man bei Alttauben. Diese Verlaufsform ist deshalb so gefürchtet, weil die Tauben eine langwierige Erkrankung durchstehen müssen, die den Organismus schädigt. Die ständige Erregervermehrung bewirkt eine Belastung der Leber durch Giftstoffe. Das Lebergewebe wird teilweise zerstört und durch Fettgewebe ersetzt. Es bildet sich eine Fettleber.

Die langwierige Entzündung in den Atemwegen und den Lungen und die andauernde Atemnot führen auch zu einer Überbelastung des Herzens. Die Folge ist ein bleibender Herzfehler.

2 Ornithose

Krankheitsfeststellung

Immer wieder auftretende Lidbindehautentzündungen bei einzelnen Tieren wie auch Atemnot lassen das Vorliegen einer Ornithose vermuten. Bei der Tierkörperuntersuchung fällt eine starke Vergrößerung von Leber und Milz auf. Die Milz ist dabei bis auf das Dreifache ihrer Normalgröße angeschwollen und hat ein typisches, spindelförmiges Aussehen.

Die endgültige Klärung, ob Ornithose vorliegt, können nur Laboruntersuchungen ergeben. Dazu dienen folgende Methoden:

- Mikroskopischer Nachweis von Elementarkörperchen in eingefärbten (Methode nach Stamp) Abklatschpräparaten von Leber- und Milzgewebe.
- Im Tierversuch verabreicht man einer weißen Maus erregerhaltigen Taubenkot. Bei der Tierkörperuntersuchung der Maus beobachtet man für Ornithose typische Organveränderungen. Man untersucht weiterhin ein Abklatschpräparat der Mäuseorgane auf Elementarkörperchen.
- Durch serologische Untersuchungsmethoden, z. B. die Komplementbindungsreaktion, werden im Blut vorhandene Abwehrstoffe nachgewiesen. Allerdings kann hiermit nur festgestellt werden, ob ein Tier sich irgendwann mit Ornithose auseinandergesetzt hat. Die Methode sagt jedoch nichts über den momentanen Stand der Infektion aus.

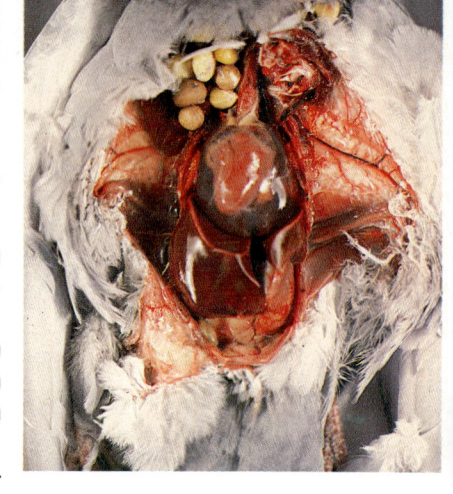

Abb. 42

Abb. 43

Abb. 44

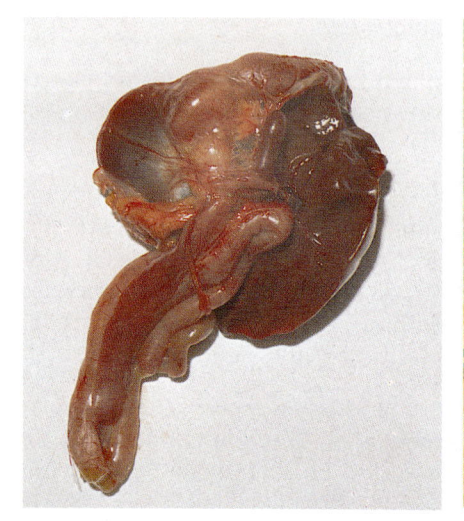

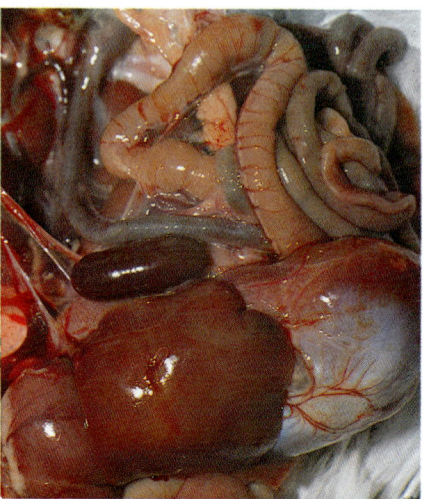

Abb. 42. Milz, normal.

Abb. 43. Spindelförmig vergrößerte Milz bei Ornithose. Auch die Leber ist geschwollen.

Abb. 44. Starke Flüssigkeitsvermehrung bei Herzbeutelentzündung durch Ornithose.

Abb. 45

Abb. 46

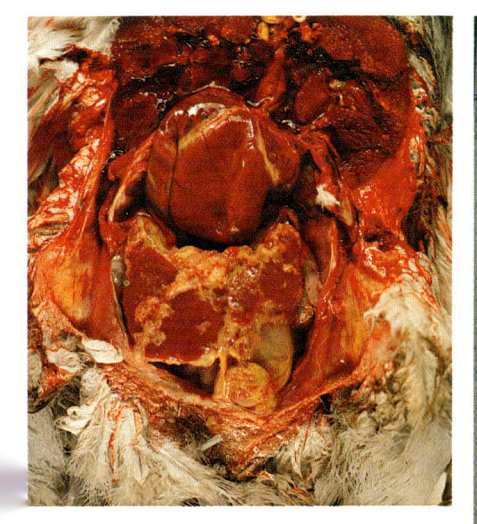

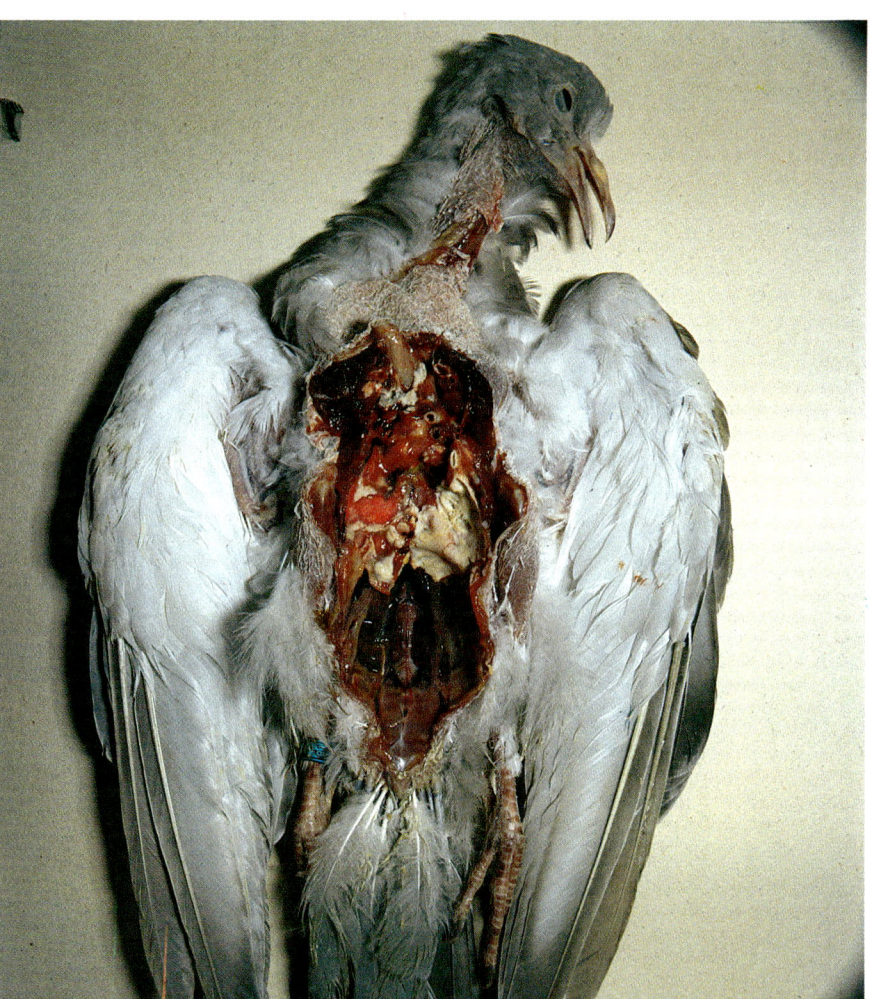

2

Ornithose

Abb. 45. Leberfellentzündung mit fibrinösem, eitrigem Belag: Infolge der andauernden Erkrankung ist das Herz stark erweitert.

Abb. 46. Grau-weiße, käsige Einlagerungen in den Luftsäcken: Als Folge einer vorausgegangenen Schädigung durch Mycoplasmen, Viren und Chlamydien kommt es zu einer Besiedlung mit bakteriellen Infektionserregern.

Der ansteckende Schnupfen zeigt ein der Ornithose ähnliches Krankheitsbild. Selbst bei starken Schnupfenerscheinungen fehlt beim ansteckenden Schnupfen die Lidbindehautentzündung. Beide Erkrankungen sind schwer zu unterscheiden, zumal sie oft gemeinsam auftreten. Der Schnupfen verschlimmert oft eine bestehende Ornithose.

Ähnliche Erkrankungen

2 Ornithose Behandlung

Eine ausreichende Ornithose-Behandlung ist aus folgenden Gründen besonders wichtig: Es besteht Ansteckungsgefahr für den Menschen, bei schleichendem Verlauf ist die gesamte Nachzucht der Tauben gefährdet (bis zu 80 Prozent Verluste), eine schwelende Ornithose ist Türöffner für weitere Erkrankungen und bei nicht behandelter Ornithose kommt es zu bleibenden Organschäden.

Da die Ornithose in vielen Fällen zusammen mit dem ansteckenden Schnupfen auftritt und eine Unterscheidung ohne aufwendige Labormethoden oft nicht möglich ist, sollte die Behandlung gegen die Erreger beider Erkrankungen gerichtet sein. Auch wenn nur bei einzelnen Tieren Schnupfen auftritt, muß der gesamte Bestand behandelt werden.

Die wichtigsten Maßnahmen bei der Behandlung von Schnupfenerkrankungen sind:

- **Schwer erkrankte Tiere:**
  Zur Verhinderung einer weiteren Ausbreitung der Erreger im Körper Injektion von 0,5 ml OXYTETRACYCLIN-T unter die Nackenhaut; Injektion nach 24 Stunden wiederholen.

- **Schwer erkrankte Tiere und alle anderen Tiere des Bestandes:**
  Die Trinkwasserbehandlung wird in drei Abschnitten vorgenommen:
  1. Abschnitt:
  1 Beutel TYLOSIN-PLUS auf 2 Liter Wasser über 3 Tage verabreichen, danach 1 Tag Behandlungspause.
  2. und 3. Abschnitt:
  1 Beutel CHLORTETRACYCLIN-PLUS auf 2 Liter Wasser über 5 Tage verabreichen; nach 2 Tagen Behandlungspause Wiederholung.

- **Alle Tiere des Bestandes:**
  Zur Sicherung des Behandlungserfolges wird in den folgenden 4 Wochen an 1 Tag der Woche 1 Beutel CHLORTETRACYCLIN-PLUS auf 2 Liter Wasser verabreicht (Nachbehandlung). Danach an 2 Tagen je 1 Beutel LIVIFERM auf 2 Liter Wasser; Wiederholung nach 5 Tagen.

- **Desinfektion:**
  Während der Behandlungspausen den Schlag reinigen und desinfizieren (CHEVI 45, 2%ig).

- **Besonderer Hinweis:**
  Die Medikamente können, wie bei der Salmonellose beschrieben, ebenfalls über das Futter verabreicht werden.

Während der Behandlung mit CHLORTETRACYCLIN-PLUS und TYLOSIN-PLUS dürfen den Tauben keine kalkhaltigen Futtermittel (Muschelkalk, Grit, Pickstein) angeboten werden.

Ornithose

Abb. 47

Injektion	**Schwer erkrankte Tauben:** Injektion von 0,5 ml OXYTETRACYCLIN-T unter die Nakkenhaut; nach 24 Stunden wiederholen	sofort u. nach 24 Stunden
Tränke	**Schwer erkrankte Tauben und Bestand:** 3 Tage 1 Beutel TYLOSIN-PLUS auf 2 Liter Wasser; danach 1 Tag Pause	1.—3. Tag
Tränke	**Schwer erkrankte Tauben und Bestand:** Über zweimal 5 Tage täglich 1 Beutel CHLORTETRACYCLIN-PLUS auf 2 Liter Wasser; nach 5 Tagen 2 Tage Pause	5.—9., 12.—16. Tag
Tränke	**Alle Tauben des Bestandes:** Nachbehandlung über 4 Wochen an 1 Tag der Woche mit 1 Beutel CHLORTETRACYCLIN-PLUS auf 2 Liter Wasser; danach LIVIFERM* (s. S. 46)	3., 4., 5., 6. Woche, 7. Woche
Hygiene	**Desinfektion:** Während der Behandlungspausen Schlag reinigen und mit CHEVI 45 (2%ig) desinfizieren	4. u. 10. Tag

LIVIFERM
…er Einsatz von Antibiotika ist bei der Ornithose
…nbedingt erforderlich. Das verwendete
…HLORTETRACYCLIN-PLUS übt zwar nur einen
…eringen negativen Einfluß auf die Darmflora
…us, beeinträchtigt diese jedoch durch die lange
…wendungsdauer bei relativ hoher Konzentra-
…n. LIVIFERM beschleunigt die Wiederherstel-
…g der normalen Darmfunktion nach Abschluß
…r Antibiotikabehandlung. Es kann jedoch kei-
…sfalls das Antibiotikum ersetzen.

…b. 47. Behandlungsschema bei Ornithose.

Die wichtigsten Vorbeugemaßnahmen gegen Ornithose sind, die Tauben in einer guten körperlichen Verfassung zu halten und für ein gesundes Schlagklima zu sorgen.
Die speziellen Vorbeugemaßnahmen gegen Schnupfenerkrankungen sind beim ansteckenden Schnupfen eingehend beschrieben.

Vorbeuge

2 Ansteckender Schnupfen → *Mycoplasmen*

Ansteck. Schnupfen

Begriff/ Vorkommen

Der ansteckende Schnupfen ist eine Atemwegserkrankung. Die Erreger sind in fast allen Beständen vorhanden, jedoch kommt es nur zum Ausbruch einer sichtbaren Erkrankung, wenn abwehrschwächende Faktoren vorliegen. Diese Faktoren können andere Infektionen oder schwere körperliche Belastungen sein. Die Erkrankung kommt oft mit der Ornithose gemeinsam vor.

Abb. 48   Abb. 49

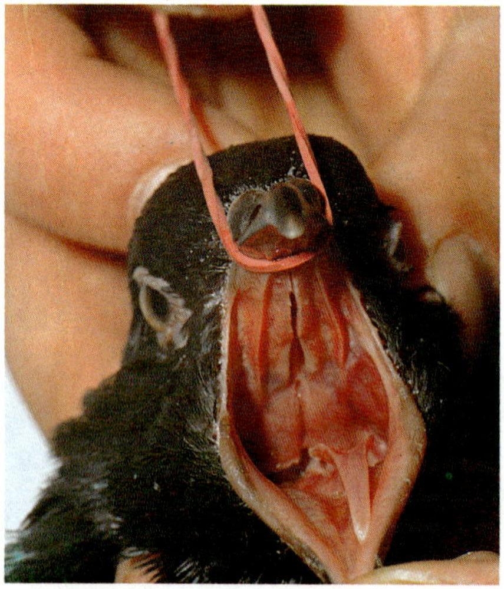

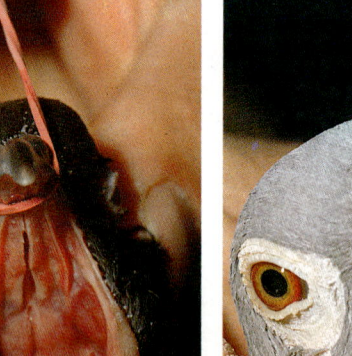

Erreger/ Infektionsweg

Das Krankheitsbild des Schnupfens rufen folgende Erregerarten hervor: Mycoplasmen, Herpesviren, verschiedene Bakterien und Chlamydien.

Die Ansteckung erfolgt über Kot, Futter, Trinkwasser, Geräte und durch Tröpfcheninfektion (Niesen).

Nahezu alle Tauben leben mit einer verborgenen Schnupfen-Infektion, insbesondere mit Mycoplasmen. Wie bei allen Faktorenerkrankungen müssen auch beim ansteckenden Schnupfen abwehrmindernde Umstände vorhanden sein, um der Infektion zum Krankheitsdurchbruch zu verhelfen.

Abb. 48. Starke Rachenentzündung mit Rötung und Schwellung der Schleimhaut.

Abb. 49. Hochgradige Entzündung der Rachenschleimhaut mit Schleimbildung. Häufig wird am Zungengrund ein Schleimpfropf gefunden.

Ansteck. Schnupfen

Krankheitsanzeichen und -verlauf

Der Verlauf der Erkrankung ist langwierig und schleichend. Anfangs beobachtet man ein vermindertes Durchhaltevermögen beim Flug. Dies beruht auf Entzündungsvorgängen in den Luftwegen – Rachenraum, Luftröhre, Lunge und besonders Luftsäcke.

Es tritt wäßriger Nasenausfluß auf, der später schleimig-eitrig wird. Nasenwarzen und Nasendach verfärben sich durch den ständigen Ausfluß ins Graue. Beim Öffnen des Schnabels fällt auf, daß zähflüssiger Schleim Fäden vom Zungengrund zum Gaumen zieht.

Die oberen Luftwege können mit Schleim derart verstopft sein, daß die Tauben mit geöffnetem Schnabel atmen. Sehr auffällig sind die röchelnd-schniefenden, bisweilen blubbernden Atemgeräusche.

Krankheitsfeststellung

Schwerfällige Flugbewegungen und Schnupfen sprechen für das Vorliegen dieser Erkrankung. Um die charakteristischen Atemgeräusche besser wahrnehmen zu können, sollte der Züchter nachts auf den Schlag gehen, kein Licht anschalten und die Tiere längere Zeit in Ruhe beobachten. Die typischen Atemgeräusche können dann deutlich wahrgenommen werden, weil die Tiere sich ruhig verhalten und keine anderen Geräusche erzeugen (z. B. Wetzen des Schnabels am Futtergefäß, Kratzen am Boden).

Abb. 50

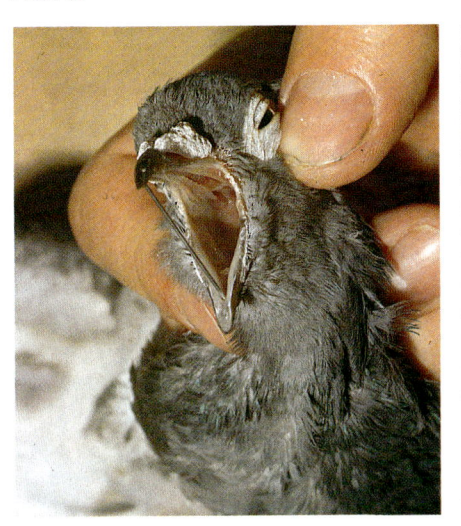

Abb. 51

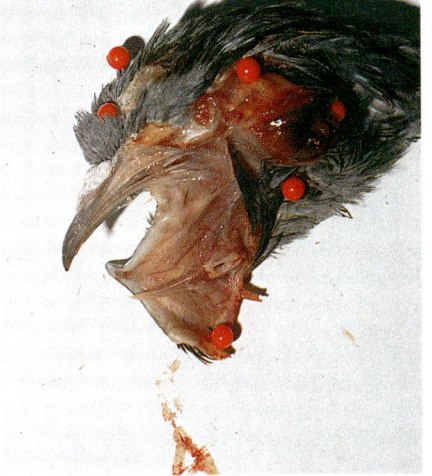

Abb. 50. Schmutzig-graue Beläge in der Schnabelhöhle bei langanhaltender Schnupfeninfektion.

Abb. 51. Die gleiche Taube wie in Abb. 50, jedoch der Rachen aufgeschnitten.

Ansteck. Schnupfen

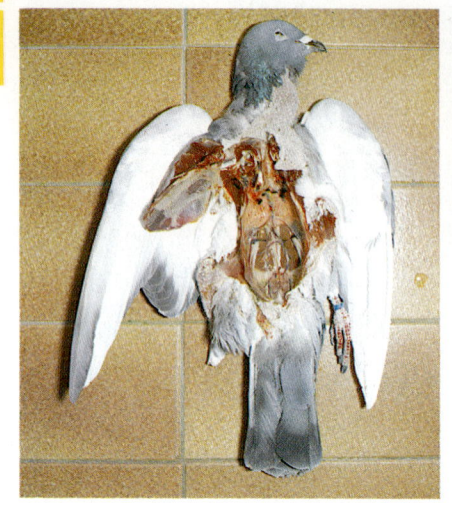

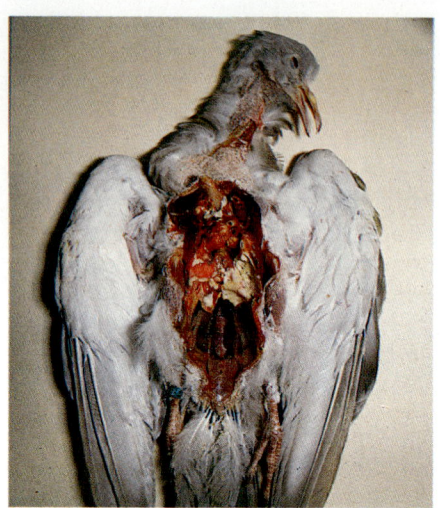

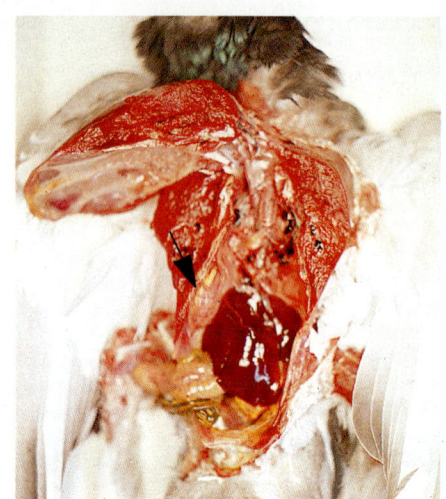

Abb. 52 *Abb. 53* *Abb. 54*

Bei der Tierkörperuntersuchung werden schleimig-eitrige Auflagerungen im Bereich der oberen Luftwege, Lungenentzündung und Luftsackentzündung mit schwartigen, käsigen Einlagerungen festgestellt.

Die Laboruntersuchung zur Krankheitsfeststellung ist langwierig und schwierig, da es sich bei dieser Faktorenerkrankung um eine Mischinfektion mit Mycoplasmen, Herpesviren, Bakterien und Chlamydien handelt. Deshalb dienen die Krankheitsanzeichen und die bei der Tierkörperuntersuchung festgestellten Veränderungen als Hauptdiagnose.

Ähnliche Erkrankungen

Bei starken Schnupfenerscheinungen muß ebenfalls an Ornithose gedacht werden. Allerdings sind beim ansteckenden Schnupfen selten die Lidbindehäute entzündlich verändert. Der Verlauf ist nicht so heftig, und es treten nur vereinzelt Todesfälle auf. Bei der Ornithose dagegen ist die Jungtiersterblichkeit hoch. Ansteckender Schnupfen und Ornithose treten häufig gemeinsam auf.

Abb. 55

Abb. 56

Ansteck. Schnupfen

Abb. 52. Luftsäcke ohne Veränderungen.

Abb. 53. Grau-weiße, käsige Einlagerungen in den Luftsäcken bei fortgeschrittener Erkrankung.

Abb. 54. Beginnende Einlagerungen in den Luftsäcken (Pfeil).

Abb. 55. Luftsackentzündung mit Einlagerungen bei einem Küken (Pfeile).

Abb. 56. Gleiches Tier wie in Abb. 55, die Luftsäcke eröffnet: Man sieht die gelbgrauen, schwartigen Einlagerungen (Pfeile).

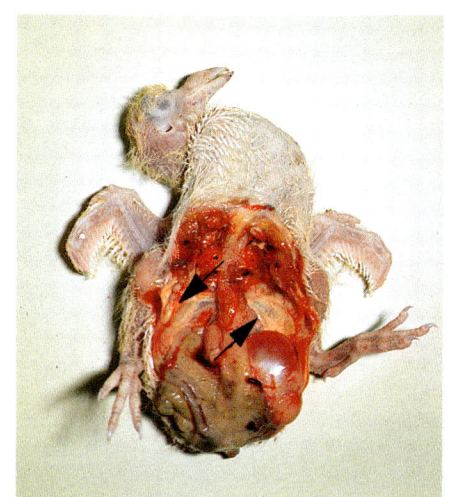

Die Behandlung muß nicht nur die sichtbaren Krankheitserscheinungen zum Verschwinden bringen, sondern auch die Erreger gezielt bekämpfen. Da ansteckender Schnupfen und Ornithose bei Tauben in vielen Fällen gemeinsam auftreten und die Unterscheidung oft nicht möglich ist, werden sie gleichzeitig behandelt (Behandlungsschema siehe bei Ornithose). Die Faktorenerkrankung „Ansteckender Schnupfen" vermindert allzu oft die Leistungsfähigkeit und die körperliche Verfassung. Sie ist damit Türöffner für viele folgenschwere Krankheiten wie Salmonellose, Paramyxovirose, Kokzidiose oder Trichomoniasis.

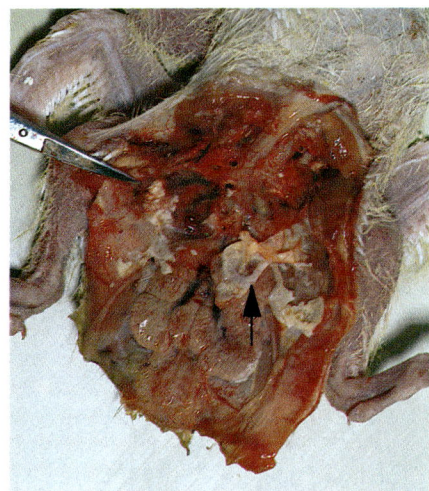

Behandlung

Die Behandlung des ansteckenden Schnupfens zielt in erster Linie auf die Verhinderung von Spätfolgen ab. Besonders nachteilig sind die schwartigen Einlagerungen in den Luftsäcken, die, wenn sie einmal vorhanden sind, sehr lange Zeit benötigen, um rückgebildet zu werden.

Vorbeuge

Im folgenden werden die wichtigsten Vorbeugemaßnahmen gegen den ansteckenden Schnupfen aufgeführt. Diese Maßnahmen verringern ebenfalls alle anderen Faktorenerkrankungen und werden in Zeiten besonderer Belastungen durchgeführt:

Ansteck. Schnupfen

Anpaarung der Zuchttiere:

- Vorsorgliche Entwurmung der Zuchttiere 4 Wochen vor der Anpaarung mit ASCAPILLA (leichte Rassen bis 400 g Körpergewicht 1 Kapsel, schwere Rassen über 400 g Körpergewicht 2 Kapseln), um Haar- und Spulwurmbefall einzudämmen.
- 4 Wochen vor der Anpaarung müssen die Bestände auf Salmonellen untersucht werden, da diese Erkrankung in besonderem Maße die Alttauben schwächt und die Bereitschaft für andere Erkrankungen, so auch den ansteckenden Schnupfen, erhöht. Besonders gefährdet sind Jungtiere, die von den verborgen infizierten Alttieren angesteckt werden. Die Folge ist eine hohe Jungtiersterblichkeit. Bei positivem Befund der Salmonellenuntersuchung wird entsprechend behandelt.
- Zur Förderung der Leistungsfähigkeit und zur Belebung der Anpaarungsfreudigkeit erhalten alle Zuchttiere 2 Wochen vor der Anpaarung über 3 Tage 1 Beutel MYCOSAN-T auf 3 Liter Wasser.
- In Beständen, in denen der „Gelbe Knopf" Schwierigkeiten bereitet, werden die Alttauben während der ersten Brutphase 5 Tage mit 1 Beutel GABBROCOL auf 2 Liter Wasser behandelt.

Aufzucht der Jungtauben:

- Alttiere erhalten 2 bis 3 Tage vor dem Schlupf der Jungen einmalig 1 Kapsel GABBROCOL. Dies reicht nach eigenen Erfahrungen aus, um die Trichomonadenausscheidung so zu verringern, daß die Taubenküken nicht erkranken. Die Verabreichung ist bei jeder Brut zu wiederholen.
- Zur besseren Entwicklung der Jungtiere und zur Verhinderung von Infektionskrankheiten erhalten alle Zuchttauben und Jungtauben von Woche zu Woche wechselnd einmal wöchentlich 1 Beutel MYCOSAN-T auf 3 l, in der folgenden Woche einmalig 1 Teelöffel VITIN auf 1 l Wasser.
- Nach dem Absetzen erhalten die Jungtiere zur Infektionsabwehr und zur Stärkung der körpereigenen Abwehr über 3 Tage 1 Kapsel CHLORTETRACYCLIN-PLUS pro Tier und Tag. Die Federqualität und die körperliche Verfassung werden sehr günstig beeinflußt.

Mauser:

- Zur Unterstützung des Stoffwechsels, zur Beschleunigung der Mauser und zur Verbesserung der Federqualität verabreicht man allen Tauben während der Mauser von Woche zu Woche wechselnd einmal wöchentlich 1 Beutel CHLORTETRACYCLIN-PLUS auf 3 Liter Wasser, in der folgenden Woche einmalig 1 Teelöffel VITIN auf 1 Liter Wasser.

Ausstellungen:
- Alle zur Ausstellungsbeschickung vorgesehenen Tauben erhalten zur Stärkung und zur Verbesserung der Federqualität einmal wöchentlich 1 Kapsel CHLORTETRACYCLIN-PLUS. Bei der Behandlung des Bestandes kann das CHLORTETRACYCLIN-PLUS-Pulver über das Futter verabreicht werden. Diese Verabreichungsmethode ist bei der Salmonellose beschrieben. Dadurch wird das Verfärben der Federn verhindert, denn die Medikamente färben das Trinkwasser.
- Von den Ausstellungen zurückkehrende Tauben behandelt man vorbeugend über 3 Tage mit 1 Kapsel CHLORTETRACYCLIN-PLUS pro Tier und Tag, um eventuell aufgenommene Krankheitserreger zu bekämpfen und eine raschere Erholung nach der Ausstellungsstrapaze zu erreichen.

Reisezeit
- Während der Reisezeit ist eine vorbeugende Behandlung gegen den ansteckenden Schnupfen erforderlich. Diese Behandlung darf den Stoffwechsel nicht belasten, sondern muß vielmehr die Gesundheit erhalten, die Kondition verbessern und auf Dauer unschädlich sein. Wir setzen am Tag nach der Rückkehr MYCOSAN-T ein (siehe Seite 95).

Zukauf:
- Zugekaufte Tiere mit ASCAPILLA (leichte Rassen bis 400 g Körpergewicht 1 Kapsel, schwere Rassen über 400 g Körpergewicht 2 Kapseln) entwurmen und auf Salmonellen untersuchen lassen. Sollte sich Salmonellose herausstellen, ist die Behandlung entsprechend dem Resistenztest vorzunehmen.
- Zukauftiere erhalten noch vor dem Befund der Kotuntersuchung auf Salmonellen über 6 Tage FURAZOLIDON-PLUS oder CHLORTETRACYCLIN-PLUS (leichte Rassen 1 Kapsel, schwere Rassen 2 Kapseln pro Tier und Tag).

Neben diesen aufgeführten Vorbeugemaßnahmen, die sich auf die Zeiten besonderer Belastungen beziehen, gibt es noch einige andere, allgemeine Maßnahmen, die sich über das ganze Jahr erstrecken und die selbstverständlich sein sollten. Das Risiko einer Erkrankung wird ebenso verringert durch eine gesunde und tiergerechte Haltung, eine vollwertige, den Leistungsstadien angepaßte Fütterung und die regelmäßige Reinigung und Desinfektion der Umgebung der Tauben.

2 Pocken

Pocken

Begriff/Vorkommen

Bei den Taubenpocken handelt es sich um eine Viruserkrankung, welche bei Brieftauben häufiger, bei Rassetauben selten zu beobachten ist. Die typischen borkigen Wucherungen auf der äußeren Haut (Pocken) haben der Erkrankung ihren Namen gegeben. Treten diese Wucherungen im Schnabel- und Rachenraum auf, spricht man von der Schleimhautform der Pocken.

Jungtiere sind empfänglicher für die Infektion als Alttiere, welche nur selten erkranken.

Abb. 57

Erreger/Infektionsweg

Das Taubenpockenvirus ist wirtsspezifisch. Der Erreger verursacht in den Haut- und Schleimhautzellen starke Wucherungen. Die Pockenviren werden mit dem Speichel, dem Nasensekret und der Tränenflüssigkeit ausgeschieden. Diese Flüssigkeiten tropfen auf den Boden und trocknen ein. Der erregerhaltige Staub wird durch die Bewegungen der Tauben aufgewirbelt. Voraussetzung für das Angehen der Pockeninfektion ist das Vorhandensein von kleinsten Wunden oder Verletzungen, in die der erregerhaltige Staub eindringen kann.

Abb. 57. Borkig-rissige Hautwucherunge[n] bei Pocken am Schnabelwinkel und am A[u]genlid: Durch die Hautrisse können sich ba[k]terielle Sekundärerreger ansiedeln und z[u] Vereiterungen führen.

Pocken

Abb. 58.

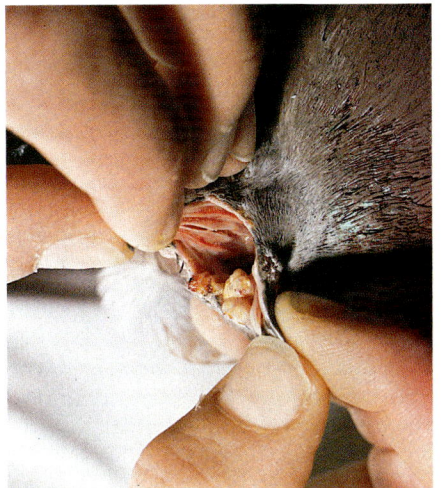

Abb. 59.

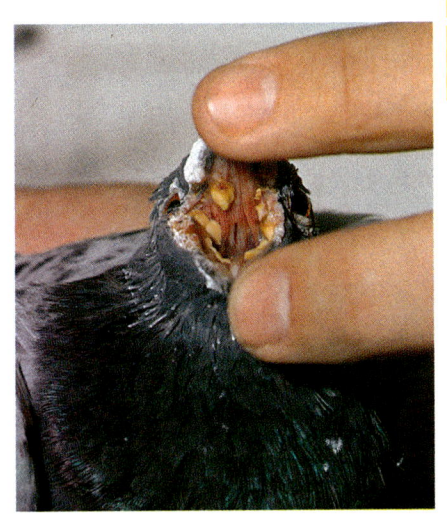

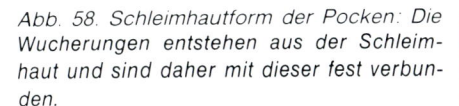

Abb. 58. Schleimhautform der Pocken: Die Wucherungen entstehen aus der Schleimhaut und sind daher mit dieser fest verbunden.

Abb. 59. Mischinfektion von Pocken und Trichomoniasis: Die Wucherungen am Schnabelrand sind durch die Pockeninfektion entstanden, die Auflagerungen im Rachenraum sind Trichomonadenherde.

Krankheitsanzeichen und -verlauf

Durch die Eintrittspforte gelangen die Erreger in die Blutbahn, wo sie sich in mehreren Phasen vermehren (Virämie). Schließlich kommen die Viren in die äußere Haut oder Schleimhaut zurück und erzeugen dort örtlich begrenzte, starke Wucherungen.

Diese grindartigen, borkigen Pockenherde, die besonders im Bereich der unbefiederten Haut, wie an den Augenrändern, in der Schnabelgegend und an den Füßen, auftreten, sind ideale Eintrittspforten für bakterielle Erreger, die zusätzlich starke Vereiterungen erzeugen. Erst hierdurch wird die Pockeninfektion zu einer schwerwiegenden Allgemeinerkrankung.

Setzen sich die Erreger in der Schleimhaut der Nasen- und Rachenhöhle fest, können die Luftröhre und der Schlund durch die käsigen, faulig riechenden, schwer ablösbaren Wucherungen verlegt werden. Es kommt zum Erstickungs- oder Hungertod.

Krankheitsfeststellung

Die Haut- und Schleimhautform der Pocken kann an den borkigen Wucherungen leicht erkannt werden.

Bestätigt wird der Verdacht durch eine mikroskopische Untersuchung der befallenen Hautbezirke. Dabei beobachtet man die „Bollingerschen Einschlußkörperchen".

Die Krankheitsfeststellung kann in Zweifelsfällen auch durch eine Virusanzüchtung im bebrüteten Hühnerei erfolgen.

Pocken

Im Anfangsstadium ist die Hautform der Pocken leicht mit kleinen Verletzungen oder Pickwunden zu verwechseln.

Ähnliche Erkrankungen

Beim Auftreten der Schleimhautform müssen die Soorpilz-Erkrankung und die Trichomoniasis („Gelber Knopf") als mögliche Krankheitsursachen ausgeschlossen werden. Im Gegensatz zu diesen beiden Erkrankungen handelt es sich bei den Pocken um Hautwucherungen.

Behandlung

Die Virusinfektion kann in der lebenden Taube nicht beeinflußt werden. Die bakteriellen Zusatzinfektionen, die sich im Bereich der Pockenveränderungen festsetzen, führen zu einer schwerwiegenden Allgemeinerkrankung. Deshalb ist es notwendig, diese Zusatzinfektionen durch antibiotikahaltige Medikamente einzudämmen. Ferner wird durch die Verabreichung von Vitamin A die Abwehrbereitschaft der Haut vergrößert und die Heilung der durch die Pocken hervorgerufenen Hautveränderungen gefördert.

Die wichtigsten Maßnahmen bei der Behandlung der Pocken sind:

- **Schwer erkrankte Tiere mit sichtbaren Haut- oder Schleimhautveränderungen:**

  Wenn die Wucherungen und Beläge den Rachenraum verengen, sollten die Beläge vorsichtig abgelöst und die befallenen Stellen mit einer schwachen Jodlösung eingepinselt werden.

  Zur Verhinderung oder Eindämmung der bakteriellen Zusatzinfektionen 0,5 ml SALMOSAN-T unter die Nackenhaut injizieren; je nach Schwere der Erkrankung bis zu dreimal im Abstand von jeweils 6 Stunden wiederholen.

  Ebenfalls gegen die bakterielle Zusatzinfektion ist die Einzeltierbehandlung mit CHLORTETRACYCLIN-PLUS gerichtet; 7 Tage lang 1 Kapsel pro Taube und Tag verabreichen.

- **Alle Bestandstiere ohne oder mit leichten Krankheitsanzeichen:**

  Um die Durchseuchung mit dem Pockenvirus zu erleichtern und die bakterielle Zusatzinfektion zu verhindern, erfolgt die Behandlung der Tauben über das Trinkwasser; 1 Beutel CHLORTETRACYCLIN-PLUS oder MYCOSAN-T auf 3 Liter Wasser; Dauer der Behandlung 5 Tage.

Abb. 60. Behandlungsschema bei Pocken.

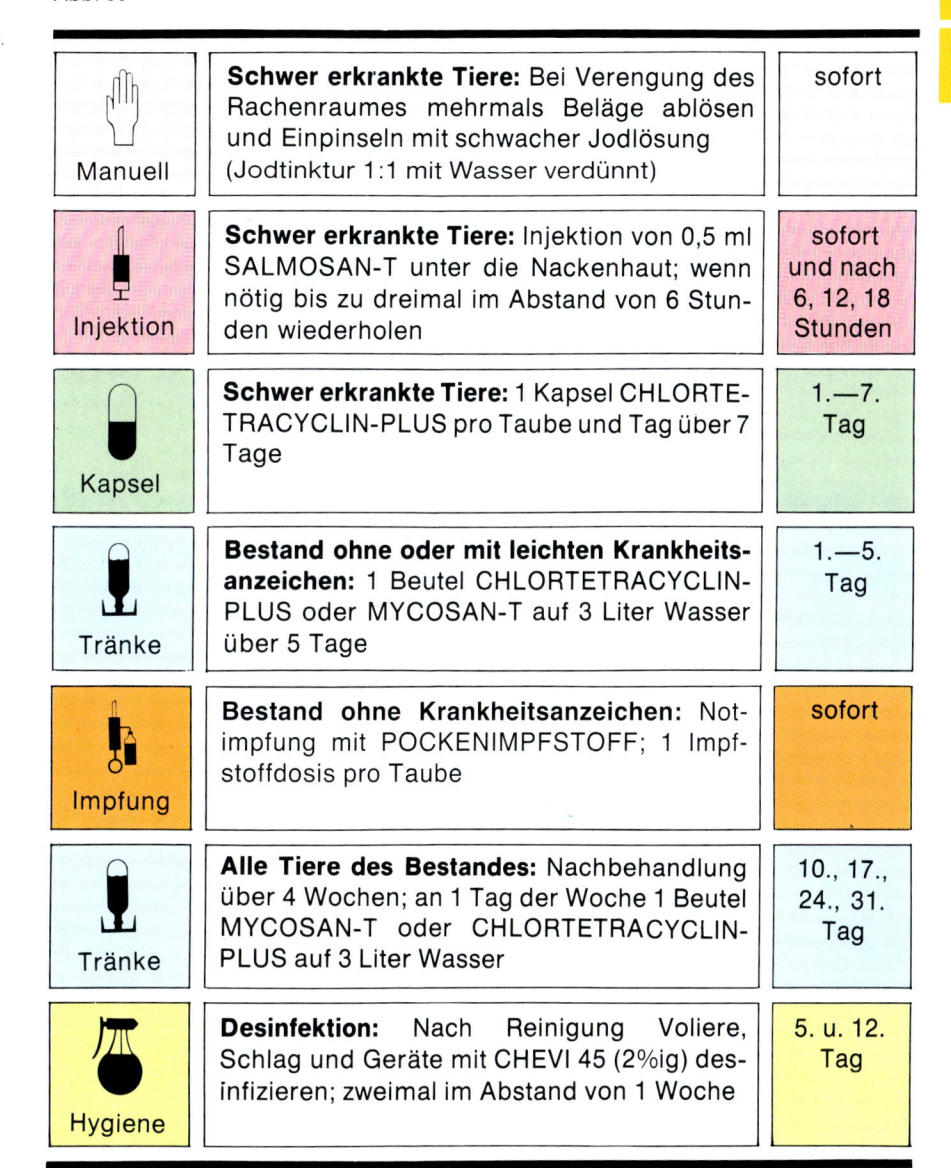

Abb. 60

Pocken

Manuell	**Schwer erkrankte Tiere:** Bei Verengung des Rachenraumes mehrmals Beläge ablösen und Einpinseln mit schwacher Jodlösung (Jodtinktur 1:1 mit Wasser verdünnt)	sofort
Injektion	**Schwer erkrankte Tiere:** Injektion von 0,5 ml SALMOSAN-T unter die Nackenhaut; wenn nötig bis zu dreimal im Abstand von 6 Stunden wiederholen	sofort und nach 6, 12, 18 Stunden
Kapsel	**Schwer erkrankte Tiere:** 1 Kapsel CHLORTETRACYCLIN-PLUS pro Taube und Tag über 7 Tage	1.—7. Tag
Tränke	**Bestand ohne oder mit leichten Krankheitsanzeichen:** 1 Beutel CHLORTETRACYCLIN-PLUS oder MYCOSAN-T auf 3 Liter Wasser über 5 Tage	1.—5. Tag
Impfung	**Bestand ohne Krankheitsanzeichen:** Notimpfung mit POCKENIMPFSTOFF; 1 Impfstoffdosis pro Taube	sofort
Tränke	**Alle Tiere des Bestandes:** Nachbehandlung über 4 Wochen; an 1 Tag der Woche 1 Beutel MYCOSAN-T oder CHLORTETRACYCLIN-PLUS auf 3 Liter Wasser	10., 17., 24., 31. Tag
Hygiene	**Desinfektion:** Nach Reinigung Voliere, Schlag und Geräte mit CHEVI 45 (2%ig) desinfizieren; zweimal im Abstand von 1 Woche	5. u. 12. Tag

Pocken

- **Alle Bestandstiere ohne Krankheitsanzeichen:**
Notimpfung: Die Durchseuchung kann beschleunigt werden durch eine sogenannte Notimpfung. Dabei werden alle noch gesund erscheinenden Tauben des Bestandes geimpft. Man verwendet einen Lebendimpfstoff, der abgeschwächte Taubenpockenviren enthält (POCKENIMPFSTOFF).
- **Alle Tiere des Bestandes:**
Im Anschluß an die eigentliche Behandlung des Bestandes hat sich eine Nachbehandlung bewährt: Alle Tauben erhalten 4 Wochen lang an einem Tag der Woche 1 Beutel MYCOSAN-T oder CHLORTETRACYCLIN-PLUS auf 3 Liter Wasser.
- **Desinfektion:**
Durch die Infektion kommt es zu einer starken Anreicherung der Erreger in der Umwelt. Deshalb ist die Desinfektion mit einem Mittel nötig, welches Viren nachweislich vernichtet. Nach gründlicher Reinigung werden Schlag und Voliere zweimal im Abstand von einer Woche mit CHEVI 45 (2%ig) desinfiziert.

Vorbeuge

Eine überstandene Pockeninfektion gibt einen lebenslangen Schutz. In Gegenden, in denen Pocken regelmäßig auftreten, empfiehlt sich im Frühjahr eine Pockenschutzimpfung. Diese Schutzimpfung bietet für ein Jahr Schutz vor einer erneuten Pockeninfektion.

Abb. 61. Pockenschutzimpfung: Nach Entfernen einiger Federn am Oberschenkel wird der Impfstoff mit einem Pinsel aufgetragen.

Abb. 62. Reaktion am 5. Tag nach der Schutzimpfung: Die Schwellung der Federfollikel ist ein Zeichen dafür, daß die Impfung angegangen ist und ein Impfschutz aufgebaut wird.

Abb. 63. Oberschenkelhaut ohne Veränderungen: Wenn die Tiere zum ersten Mal geimpft werden und keine Veränderungen auftreten, ist die Impfung nicht angegangen. Bei Tieren, die bereits mehrmals geimpft wurden, treten auch keine Veränderungen mehr auf, obwohl ein Impfschutz ausgebildet wird.

Abb. 61

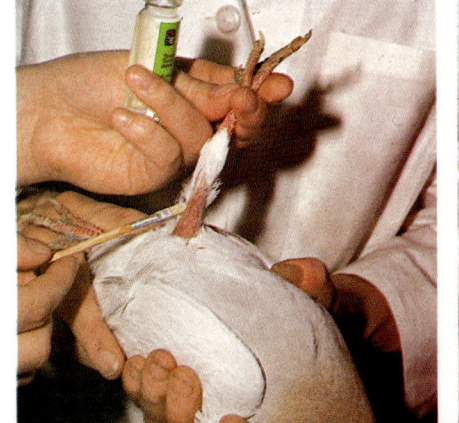

Abb. 62

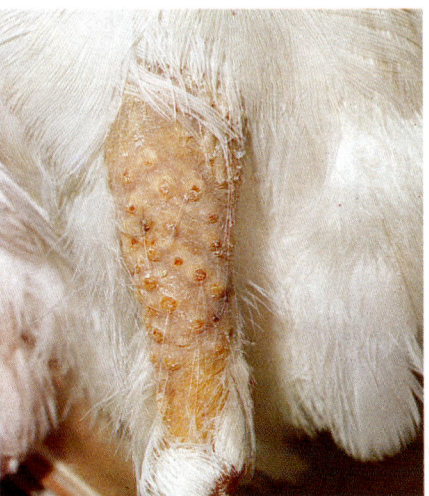

Abb. 63

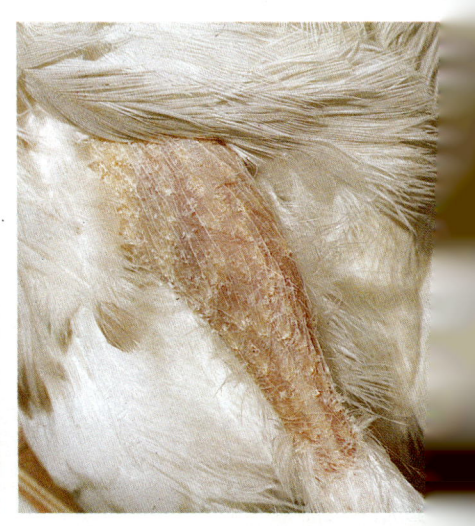

Paramyxovirose

Erstmals wurde 1982 in der Bundesrepublik Deutschland bei Tauben diese Viruserkrankung mit seuchenartigem Verlauf festgestellt. Im Anschluß an eine große internationale Rassetaubenausstellung trat die Erkrankung im Winter 1982/83 bei Rassetauben auf. Nach Beginn der Reisesaison im Sommer 1983 kam es auch bei Brieftauben zu zahlreichen Krankheitsfällen mit erheblichen Verlusten.

Paramyxovirose

Begriff/Vorkommen

Abb. 64

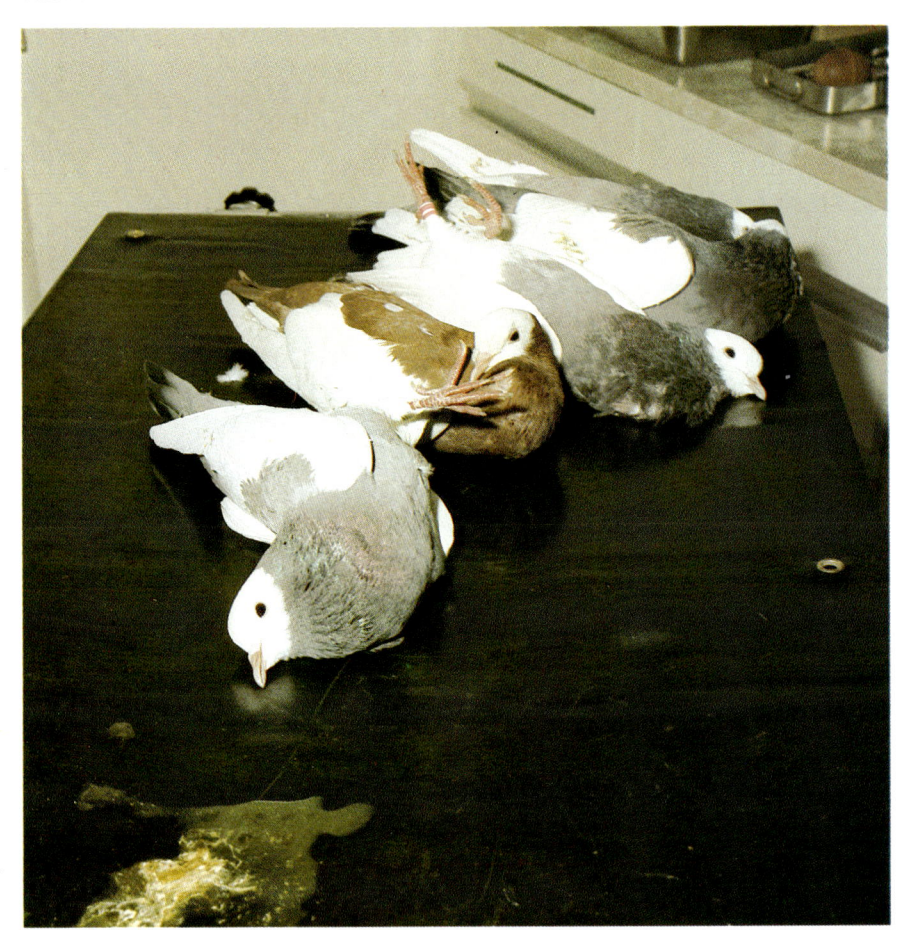

Abb. 64. An Paramyxovirose erkrankte Tauben: Typische Gleichgewichtsstörungen, wäßriger, dünnflüssiger Kot.

Paramyxovirose

Abb. 65   Abb. 66   Abb. 67

Erreger/Infektionsweg

Das Paramyxovirus der Tauben ist mit dem Virus der atypischen Geflügelpest (Newcastle-Disease) nahe verwandt.

Die Ausbreitung des Virus erfolgt durch direkten Kontakt von Tier zu Tier oder indirekt über erregerhaltigen Staub. Dieser Staub wird auch durch Insekten (Fliegen, Mücken), Säugetiere (Ratten, Mäuse) und Personen verbreitet.

Krankheitsanzeichen und -verlauf

In den infizierten Beständen wird zunächst vermehrte Wasseraufnahme und sehr dünnflüssiger Kot beobachtet. Bald zeigen einige Tiere sichtbare zentralnervöse Störungen wie Lähmungen, Verdrehen des Halses, erhöhte Schreckhaftigkeit und eigenartige Drehbewegungen des Körpers.

Um bei Verdacht die Infektion im Bestand frühzeitig zu erkennen, können diese nervösen Störungen durch folgende Maßnahmen deutlicher hervorgerufen werden: Man bringt eine verdächtige Taube in eine ungewohnte Körperhaltung, z. B. in Seitenlage, oder man erschreckt sie durch in die Hände klatschen. An Paramyxovirose erkrankte Tauben können den Abflugreflex in solchen Schrecksituationen nicht mehr steuern, so daß sie gegen eine Wand fliegen oder sich im Flug überschlagen.

Abb. 65–70. Zentralnervöse Störungen bei Tauben mit Paramyxovirose.

Abb. 65 und 66. Rückwärtsgehen (Taube links) und gestörte Futteraufnahme (Taube rechts).

Abb. 67. Unphysiologische Körperhaltung.

Abb. 68. Krampfartige Körperhaltung.

Abb. 69. Verdrehen des Kopfes.

Abb. 70. Lähmungserscheinungen.

Abb. 68　　　　　　　Abb. 69 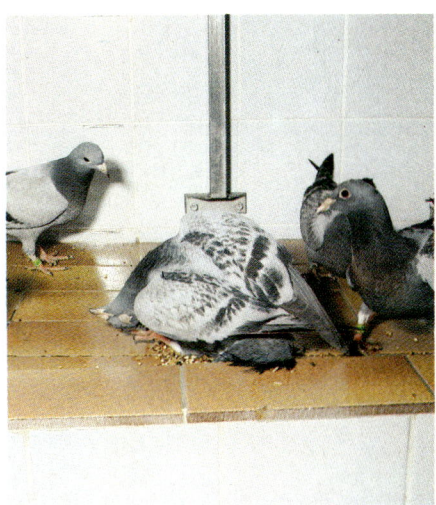　　　　　　　Abb. 70

Paramyxovirose

Bei der Futteraufnahme zeigen erkrankte Tauben ein typisches Verhalten. Sie versuchen, die Körner zu picken, verdrehen kurz vor dem Erreichen des Kornes den Kopf ruckartig seitwärts und picken so neben das Korn. Anschließend verdreht das Tier den Hals wiederum ruckartig stark nach hinten und zur Seite. Nur bei etwa jedem zehnten Pickvorgang kann das nervös gestörte Tier tatsächlich ein Korn aufnehmen, verliert es jedoch teilweise wieder beim Rückwärtsdrehen des Halses. Bei fortgeschrittener Erkrankung wird die Futter- und Wasseraufnahme nahezu unmöglich.

Von den sichtbar erkrankten Tieren verenden einige rasch, die meisten leben weiter und kümmern. Tiere mit nervösen Störungen behalten häufig zeitlebens Ausfallerscheinungen. In seltenen Fällen tritt auch noch nach lange bestehenden Störungen eine Heilung ein.

Erkrankt eine Taube an der Paramyxovirose, bildet der Organismus nach zwei bis drei Wochen Abwehrstoffe (Antikörper). Diese Antikörper können in einem dafür ausgestatteten Institut nachgewiesen werden. Als Untersuchungsmaterial benötigt man Blutproben. Ein positiver Antikörper-Befund bedeutet nur, daß die Infektion vorhanden war, sagt aber nichts über den gegenwärtigen Stand der Erkrankung aus.

Krankheitsfeststellung

Paramyxo-virose

Man bemüht sich daher, das Virus selbst nachzuweisen. Der Erreger ist ab dem vierten bis zehnten Tag nach erfolgter Infektion im Tier festzustellen, also mit Beginn der ersten Durchfallserscheinungen. Dazu werden lebende oder frisch gestorbene Tauben an ein Institut geschickt, das diese Untersuchung durchführen kann. In der Bundesrepublik Deutschland befassen sich derzeit drei Institute intensiv mit der Paramyxovirose bei Tauben:

- Institut für Geflügelkrankheiten, Frankfurter Straße 85, 6300 Gießen.

- Klinik für Geflügel der Tierärztlichen Hochschule, Bischofsholer Damm 15, 3000 Hannover 1.

- Institut für Geflügelkrankheiten, Mittenheimer Straße 54, 8042 Oberschleißheim.

Wenn bei Tauben nervöse Störungen auftreten, sollte man diese grundsätzlich auf Salmonellen und Paramyxovirus untersuchen lassen. Der Virusnachweis dauert zwei bis drei Wochen, der Nachweis von Salmonellen, die sehr oft gleichzeitig vorhanden sind, nur wenige Tage. Liegt der Befund Salmonellose vor, muß sofort mit der Behandlung begonnen werden. Der Nachweis auf das Vorliegen von Paramyxovirus muß jedoch weiter verfolgt werden, besonders dann, wenn die Behandlung der Salmonellose nicht richtig anspricht. Diese vorab durchgeführte Behandlung schaltet die Salmonellen aus. Die Schwächung durch die bakterielle Infektion fällt weg, und die Abwehrbereitschaft des Körpers zur Eindämmung der Virusinfektion wird verstärkt.

Ähnliche Erkrankungen

Zentralnervöse Störungen können auch bei Vergiftungen, Salmonellose und anderen bakteriellen Infektionen im Endstadium beobachtet werden. Eine Abgrenzung ist nur durch den Erregernachweis möglich.

In vielen mit Paramyxovirus infizierten Beständen sind gleichzeitig Salmonellen anwesend. Die Virusinfektion ist der Wegbereiter für verstärkt auftretende Salmonellose oder umgekehrt. Auch andere häufig vorkommende Infektionskrankheiten wie Trichomoniasis, Kokzidiose oder Wurmbefall schwächen die Widerstandsfähigkeit der Tauben. Selbst wenn diese Erkrankungen nur verborgen vorliegen, fördern sie andererseits auch den Ausbruch der Paramyxovirose.

Abb. 71

Abb. 71. Kotbild gesunder Tauben.

Abb. 72. Kotbild bei Paramyxovirose: Geformte Kotteilchen in einer Wasserpfütze bei Nierenversagen. Bei der Paramyxovirose wird der dünnflüssige Kot nicht durch eine Funktionsstörung des Darmes, sondern der Nieren hervorgerufen.

Abb. 72

Paramyxovirose

Behandlung

Die bei Verdacht und beim Vorliegen der Erkrankung durchzuführenden Maßnahmen können in drei Gruppen eingeteilt werden.

1. Allgemeine Maßnahmen bei Verdacht:
Besteht der Verdacht auf Paramyxovirose, müssen bis zur Klärung Vorsorgemaßnahmen getroffen werden, die eine Ausweitung der Infektion erschweren oder verhindern.

- Die wichtigste Maßnahme, die sofort durchgeführt werden muß, ist das Feststellen der Krankheitsursachen. Dazu sind die beschriebenen Laboruntersuchungen notwendig.
- Alle bei der Untersuchung und insbesondere der Laboruntersuchung neben der Paramyxovirose festgestellten Erkrankungen müssen sofort behandelt werden. Der Verlauf der Virusinfektion wird durch das Ausschalten der gleichzeitig vorhandenen Erkrankungen gemildert.
- Tauben mit sichtbaren Krankheitsanzeichen (Durchfall, zentralnervöse Störungen) vom übrigen Bestand absondern. Verabreichung von LIVIFERM (1 Beutel in 2 Liter Wasser oder 1 Kapsel/Tier und Tag).
- Betroffenen Tieren das Wasser aus großflächigen Gefäßen anbieten, da die nervös gestörten Tauben aus normalen Tränken oft kein Wasser mehr aufnehmen können.
- Tauben mit starken zentralnervösen Störungen einzeln füttern. Solche Tiere benötigen eine sehr lange Zeit, um genügend Körner aufzunehmen. Im Schlag würden sie bei der Fütterung leer ausgehen, da gesunde Tiere das Futter rasch wegfressen.
- Freiflug stark einschränken, möglichst ganz einstellen.
- Fremde Personen sollen den Schlag nicht betreten.
- Zur Stabilisierung des Darmmilieus: Sofort LIVIFERM verabreichen (1 Beutel in 3 Liter Wasser oder 1 Kapsel/Tier und Tag; mindestens 5 Tage lang).

2. Maßnahmen bei Vorliegen der Paramyxovirose:
Die Virusinfektion selbst kann durch die Verabreichung antibiotikahaltiger Medikamente nicht bekämpft werden. Bei dieser Erregerart kann allein eine Schutzimpfung die Ausweitung der Infektion verhindern. Der Impfschutz hält nach bisherigen Erkenntnissen 6 Monate an.

- Alle Tauben mit ausgeprägten zentralnervösen Störungen ausmerzen, da kaum Heilungsaussichten bestehen.

2 Paramyxovirose

- Scheut man sich vor der Ausmerzung wertvoller Tauben, müssen diese vom übrigen Bestand getrennt werden. Dann werden die unter Punkt 1 und 3 beschriebenen Maßnahmen durchgeführt. Eine Impfung der erkrankten Tiere ist nicht möglich! Günstig ist die Verabreichung von LIVIFERM.

- Bei allen noch gesund erscheinenden Tauben des Bestandes wird eine Notimpfung vorgenommen, die das Ausbreiten der Virusinfektion verhindern kann. Nach der Notimpfung dauert es zwei bis drei Wochen, bis ausreichend Abwehrstoffe im Körper gebildet sind. In diesem Zeitraum können weitere Krankheitsfälle auftreten. Solche Tauben waren zum Zeitpunkt der Notimpfung in der Inkubationsphase, d. h. sie waren schon mit dem Virus infiziert, zeigten aber noch keine Krankheitsanzeichen. Günstig ist die Verabreichung von LIVIFERM.

- Alle Taubenbestände in der Umgebung des betroffenen Schlages und die Bestände, die Kontakt mit diesem haben, müssen aktiv schutzgeimpft werden, auch wenn dort noch keine Krankheitsfälle aufgetreten sind. Wir setzen zur Zeit die folgenden Impfstoffe ein: CHEVIVAC oder NEWCADIN. Günstig ist die Verabreichung von LIVIFERM.

- Zur Unterstützung der Schutzimpfung müssen Hygiene- und Desinfektionsmaßnahmen durchgeführt werden: Kot, Futterreste und Einstreu täglich bei Reinigung entfernen; Desinfektion der gereinigten Flächen und Gegenstände mit CHEVI 45, 2%ig; Insekten bekämpfen.

3. Unterstützende Maßnahmen:

Mit den unterstützenden Maßnahmen, die nicht gegen die Virusinfektion selbst gerichtet sind, soll erreicht werden, daß die Tauben die Paramyxovirose leichter überstehen und daß die Schädigung und Schwächung durch gleichzeitig vorhandene andere Infektionserreger abgeschwächt werden. Diese Zusatzinfektionen können mit folgenden Maßnahmen abgeblockt werden:

- Verabreichung von Vitaminen, besonders des B-Komplexes, und Zufuhr von Körpersalzen in Form von Elektrolyten im Trinkwasser.

- Verabreichung von LIVIFERM über das Trinkwasser.

- Vorhandene Zusatzinfektionen wie Salmonellose, Trichomoniasis, Ornithose, Kokzidiose, Wurmbefall oder Befall mit Außenparasiten müssen behandelt werden. Dadurch werden bei der Taube zusätzliche Abwehrkräfte gegen die Virusinfektion freigesetzt. Die Behandlungsmaßnahmen sind bei den einzelnen Erkrankungen aufgeführt.

* LIVIFERM
Durch die Virusinfektion werden die Darmzotten vorübergehend stark geschädigt, wodurch auch zu einer Veränderung des Darmmilieus kommt. Die Gefahr einer bakteriellen Zusatzfektion, z. B. mit Coli-Bakterien oder Salmonellen, nimmt stark zu. Die Regeneration der Darmzotten nach überstandener Virusinfektion nimmt mehrere Tage in Anspruch. Die Verabreichung von LIVIFERM kann die Virusinfektion nicht beeinflussen. LIVIFERM sorgt jedoch für den Erhalt des physiologischen Darmmilieus und trägt dazu bei, diese kritische Phase zu überbrücken. Das Risiko einer zusätzlichen bakteriellen Infektion wird verringert. Der Kot der Tauben bleibt für ca. 1 Woche dünnflüssig und erhält erst wieder die normale Konsistenz, wenn die Darmschleimhaut abgeheilt ist.

Abb. 73

Paramyxovirose

Abb. 74

	Brieft.	Rasset.
Jan.		🔧
Feb.		
März	🔧	
April		🔧¹⁾
Mai		
Juni	🔧¹⁾	
Juli		🔧
Aug.	🔧	
Sept.		
Okt.		
Nov.		
Dez.		

Abb. 75

Symbol	Maßnahme	Zeit
Hygiene	**Schwer erkrankte Tiere** ausmerzen; Hygiene: Kot, Futterreste, Einstreu täglich entfernen; **Desinfektion** der Umwelt mit CHEVI 45, 2%ig	sofort
Impfung	**Notimpfung aller noch gesund erscheinenden Tauben des Bestandes** mit CHEVIVAC; Injektion nur unter die Nackenhaut	sofort
Kontrolle	**Alle Tauben des Bestandes:** Festgestellte Zusatzinfektionen entsprechend behandeln. Besonders achten auf Salmonellose, Parasiten und Trichomoniasis!	sofort
Tränke	**Alle Tauben des Bestandes:** 1 Beutel CHEVIFIT und 1 Beutel LIVIFERM* auf 2 Liter Wasser; Dauer 5 Tage.	1.—5. Tag
Impfung	**Schutzimpfung aller noch nicht betroffenen Bestände in der Umgebung** mit CHEVIVAC; Injektion nur unter die Nackenhaut!	sofort

Abb. 73. Schutzimpfung: Injektion des Impfstoffes unter die Haut im Nackenbereich.

Abb. 74. Impfplan gegen Paramyxovirose. Anmerkung zu ¹⁾: Die Zeiten nachlassender Immunität lassen sich durch eine zusätzliche, dritte Impfung sicher überbrücken. Von der dreimaligen Impfung sollte in Gefahrengebieten im ersten Jahr nach Einbruch der Seuche Gebrauch gemacht werden. In der Folgezeit wird bei flächendeckender Impfung der zweimalige Einsatz des Impfstoffes ausreichenden Schutz verleihen.

Abb. 75. Maßnahmen bei Paramyxovirose.

Vorbeuge

In Regionen, in denen die Paramyxovirose ausgebrochen ist, müssen alle noch gesund erscheinenden Tauben schutzgeimpft werden. Die Schutzimpfung bietet einen Schutz für 6 Monate. Im Impfplan sind die günstigsten Zeitpunkte für die Impfung von Rasse- und Brieftauben aufgeführt. Jungtauben sind mindestens 4 Wochen vor den Jungtaubenflügen zu impfen.

2 Kokzidiose

Kokzidiose

Begriff/Vorkommen

Die Kokzidiose ist eine bei Tauben weitverbreitete Darmerkrankung. Nahezu alle Tauben sind Kokzidienträger und scheiden Oozysten, die Dauerstadien des Erregers, mit dem Kot aus. Dabei sind die Tauben nicht sichtbar erkrankt. Es handelt sich um eine schleichende Krankheit, die mehr als belebter Streßfaktor denn als eigentliche Erkrankung anzusehen ist. Da die Kokzidiose oft Türöffner für andere Erkrankungen wie Salmonellose, Trichomoniasis oder Paramyxovirose ist, sollte eine sinnvolle Behandlung in gewissen Grenzen erfolgen.

Abb. 76

Abb. 77

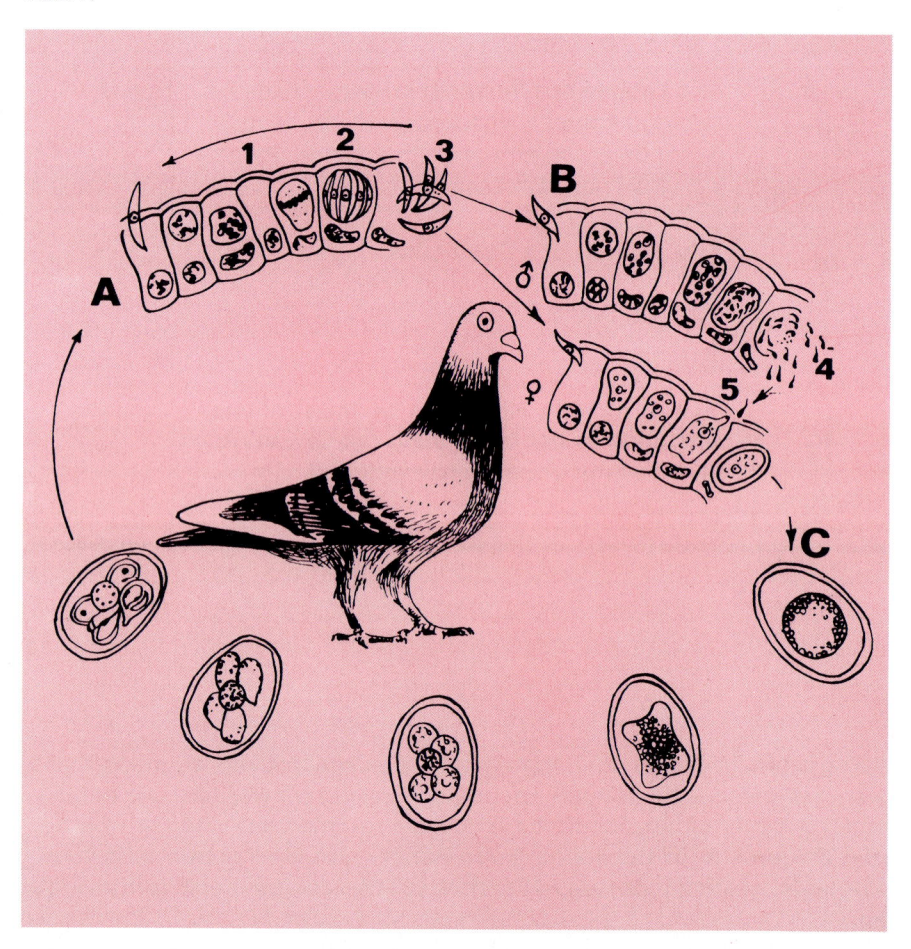

Abb. 76. Sichtbar erkrankte Taube mit deutlicher Störung des Allgemeinbefindens: Aufgeplustertes Gefieder; der hochgezogene Rücken und der nach unten gestellte Schwanz weisen auf Schmerzen im Bauchraum hin. Nur durch die parasitologische und bakteriologische Kotuntersuchung können die verschiedenen Darminfektionen, vor allem Kokzidiose und Salmonellose, abgeklärt werden.

Abb. 77. Entwicklung der Kokzidien bei Tauben:
Die Kokzidien entwickeln sich in der Taube (A und B) und in der Umwelt (C). Nach Aufnahme der Oozysten und Auflösung der Hülle werden die infektiösen Erregerstadien (Sporozoiten) freigesetzt, welche in die Epithelzellen des Dünndarms eindringen. Dort erfolgt eine ungeschlechtliche Vermehrung durch Teilung. Es entstehen zunächst Trophozoiten (1), die sich über Schizonten (2) zu Merozoiten (3) entwickeln. Die Merozoiten dringen dann ebenfalls in unzerstörte Darmwandzellen ein. Damit ist die ungeschlechtliche Vermehrung (A) abgeschlossen.
Die weitere Vermehrung der Erreger erfolgt auf geschlechtlichem Wege (B); dabei entwickeln sich aus den Merozoiten in den Darmzellen zwei unterschiedliche Geschlechtsformen, die männlichen Mikrogameten (4) und die weiblichen Makrogameten (5). Durch ihre Vereinigung bei der Befruchtung entsteht die unbewegliche Oozyste, die mit dem Kot ausgeschieden wird.
In der Außenwelt (C) reifen in der Oozyste wieder Sporozoiten heran, wodurch die Oozyste erst infektionsfähig wird. Wird eine Oozyste aufgenommen, bevor sich die infektiösen Sporozoiten gebildet haben, erkrankt die Taube nicht.
Der gesamte Vorgang von der Aufnahme der Oozyste bis zur Ausscheidung einer neuen Oozystengeneration dauert unter günstigen Verhältnissen nur 4—5 Tage.

Kokzidiose

Kokzidien sind einzellige Lebewesen (Protozoen), die im Darm schmarotzen. Sie dringen in die Epithelzellen des Darms ein, vermehren sich dort und zerstören die Darmwand. Es entsteht eine Darmentzündung mit Durchfall.

Erreger/Infektionsweg

Die Erreger bilden Dauerstadien (Oozysten), die nach einer Reifung in der Außenwelt infektionstüchtig werden. Die Oozysten sind durch eine widerstandsfähige Hülle gegen Umwelteinflüsse relativ unempfindlich.

Alttiere sind Träger von Kokzidien, ohne selbst sichtbar zu erkranken und scheiden ständig Oozysten aus.

Krankheitsanzeichen und -verlauf

Durch die starke Vermehrung der Kokzidien in den Epithelzellen des Dünndarms wird ein großer Teil der Darmwandzellen vernichtet. Die Folge ist eine erheblich gestörte Verdauung, die sich bei der akuten Verlaufsform in Durchfall äußert. Das zerstörte Darmepithel bietet Bakterien die Möglichkeit, hier leicht einzudringen. Die Kokzidiose ist deshalb ein Wegbereiter für bakterielle Infektionen wie Salmonellose.

Es werden zwei Verlaufsformen unterschieden:

■ **Subklinische oder symptomlose Krankheitsform:**
Diese Verlaufsform findet man bei fast allen Tauben. Sie lassen keine Krankheitsanzeichen erkennen. Die körpereigene Abwehr wird immer wieder durch die ständige Aufnahme der Oozysten angeregt, so daß es allmählich zur Ausbildung einer sogenannten Infektionsimmunität kommt. Die Taube lebt sozusagen in einem Gleichgewicht mit den Erregern. Es ist nicht sinnvoll, solche Tiere mit nur geringgradigem Befall zu behandeln, da das Gleichgewicht vorübergehend zugunsten des Körpers gestört wird und die natürliche Infektionsimmunität eine Zeitlang verringert wird.

■ **Eigentliche Kokzidiose mit akutem Verlauf:**
Diese Form der Erkrankung tritt sehr selten bei jungen, empfänglichen Tieren ab der dritten Lebenswoche auf, die noch keine Infektionsimmunität ausbilden konnten. Streßfaktoren wie die Umstellung von Kropfmilch auf Körnerfutter schwächen die natürliche Widerstandskraft der Jungen und ermöglichen eine rasche Ausbreitung der Kokzidien schon bei Aufnahme weniger reifer Oozysten. Es treten Erscheinungen einer schweren Darmerkrankung auf, wie Verdauungsstörungen mit schlei-

2 Kokzidiose

mig-wäßrigem, teilweise blutigem Durchfall. Ebenso sieht man Abmagerung, Mattigkeit und Schwäche. In der Folge verenden so erkrankte Tauben entweder durch zusätzlich auftretende Infektionen oder an Entkräftung. Bei rechtzeitiger Behandlung sind die Heilungsaussichten günstig, da die geschädigte Darmwand verhältnismäßig rasch wieder nachgebildet wird.

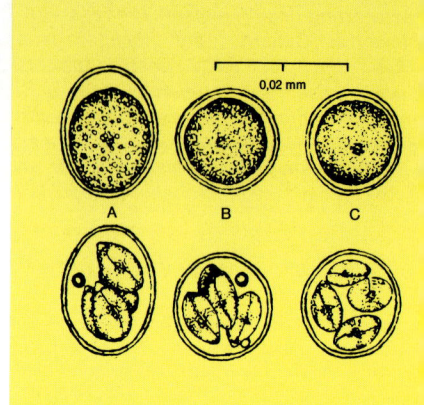

Krankheitsfeststellung

Der Verdacht auf Kokzidiose besteht bei Durchfall mit weichem, wäßrigem und bisweilen schleimigem Kot.

Bei der Zerlegung erkrankter oder verendeter Tauben findet man im Darm entzündliche Veränderungen. Der Verdacht muß stets durch eine mikroskopische Untersuchung des Kotes oder des Darminhaltes erhärtet werden. Nur eine dabei gefundene große Anzahl von Oozysten zeigt eine Schädigung des Körpers an, d. h. die Krankheitsanzeichen wurden tatsächlich durch Kokzidien und nicht durch andere Infektionen ausgelöst.

Ähnliche Erkrankungen

Wäßrig-schleimiger oder blutiger Kot tritt auch bei anderen Erkrankungen auf, wie Wurmbefall, Coli-Infektion, Salmonellose und Trichomoniasis. Eine Abgrenzung ist nur durch die mikroskopische Untersuchung auf Oozysten möglich.

Behandlung

Bei fast allen Tauben werden im Kot Oozysten gefunden, ohne daß das Tier erkrankt. Erst bei hochgradigem Befall kommt es zu sichtbaren Krankheitsanzeichen. Jedoch kann es in Streßsituationen, welche die Widerstandskraft der Tauben herabsetzen, selbst bei mittelgradigem Befall zum Ausbruch der Erkrankung kommen. Deshalb ist auch bei weniger starkem Befall eine vorsorgliche Behandlung angezeigt. Dadurch wird auch der belebte Streßfaktor Kokzidienbefall relativ leicht ausgeschaltet und die Taube kann die vorhandenen Abwehrkräfte gegen andere Streßfaktoren einsetzen.

Einige wenige Oozysten, die fast immer im Kot „gesunder" Tauben vorliegen, rechtfertigen nicht den Beginn einer Behandlung. Eine solche Maßnahme ist sogar schädlich, weil dadurch die natürliche Immunitätslage des Organismus verändert wird. Bei geringgradigem Befall sind nur unterstützende Maßnahmen zur Stärkung der Körperabwehr anzuraten.

Abb. 78

Abb. 78. Kokzidienoozysten:
Obere Reihe unreife (unsporulierte) Oozysten
Untere Reihe reife (sporulierte) Oozysten
A Eimeria columbarum
B Eimeria columbae
C Eimeria labbeana

Folgende Maßnahmen werden in Abhängigkeit vom Grad des Befalls durchgeführt:

Kokzidiose

- **Alle Tiere des Bestandes bei hochgradigem Befall:**
  Die Trinkwasserbehandlung erfolgt in drei Abschnitten:
  1. Abschnitt:
  1 Beutel SULFAMETHAZIN-PLUS auf 2 Liter Wasser; Dauer 5 Tage, dann 2 Tage Behandlungspause.
  2. Abschnitt:
  1 Beutel SULFAMETHAZIN-PLUS auf 3 Liter Wasser; Dauer 3 Tage, dann 2 Tage Behandlungspause.
  3. Abschnitt (Nachbehandlung):
  1 Beutel MYCOSAN-T oder LIVIFERM auf 3 Liter Wasser; Dauer 3 Tage.

- **Alle Tiere des Bestandes bei mittelgradigem Befall:**
  Trinkwasserbehandlung über 5 Tage mit 1 Beutel SULFAMETHAZIN-PLUS auf 2 Liter Wasser. Danach 1 Beutel LIVIFERM auf 2 Liter Wasser für 1 Tag.

- **Alle Tiere des Bestandes bei geringgradigem Befall:**
  Trinkwasserbehandlung zur Unterstützung der Körperabwehr über 3 Tage mit 1 Beutel MYCOSAN-T oder LIVIFERM auf 3 Liter Wasser.

- **Desinfektion:**
  Nach Abschluß der Behandlung Schlag und Geräte gründlich reinigen und mit einem Mittel desinfizieren, das die Oozysten vernichtet (CHEVI 75, 5%ig).

- **Zusätzliche Maßnahmen:**
  Die zusätzlichen Maßnahmen unterbrechen den Infektionszyklus der Kokzidien und verhindern, daß Oozysten die für eine erneute Infektion der Tauben erforderliche Entwicklung im Freien durchmachen können. Während der Behandlungszeit ist tägliches Entmisten erforderlich. Kot und Futterreste unschädlich in einem abdeckbaren Gefäß (Tonne) beseitigen.

2 Kokzidiose

Den Fußboden des Schlages möglichst trocken halten, da dann der Kot relativ schnell eintrocknet und den Kokzidien die Feuchtigkeit für ihre Entwicklung fehlt.

Abb. 79

Tränke	**Alle Tiere bei hochgradigem Befall:** 1 Beutel SULFAMETHAZIN-PLUS auf 2 Liter Wasser; Dauer 5 Tage, dann 2 Tage Pause	1.—5. Tag
Tränke	**Alle Tiere bei hochgradigem Befall:** 1 Beutel SULFAMETHAZIN-PLUS auf 3 Liter Wasser; Dauer 3 Tage, dann 2 Tage Pause	8.—10. Tag
Tränke	**Alle Tiere bei hochgradigem Befall:** Nachbehandlung mit 1 Beutel MYCOSAN-T oder LIVIFERM* auf 3 Liter Wasser; Dauer 3 Tage	13.—15. Tag
Tränke	**Alle Tiere bei mittelgradigem Befall:** 1 Beutel SULFAMETHAZIN-PLUS auf 3 Liter Wasser; Dauer 5 Tage. Danach 1 Beutel LIVIFERM* auf 2 Liter Wasser für 1 Tag.	1.—5. Tag, 6. Tag
Tränke	**Alle Tiere bei geringgradigem Befall:** 1 Beutel MYCOSAN-T oder LIVIFERM* auf 3 l Wasser; Dauer 3 Tage	1.—3. Tag
Hygiene	**Desinfektion:** Nach Abschluß der Behandlung Schlag und Geräte reinigen und desinfizieren (CHEVI 75, 5%ig)	6. od. 11. Tag

* LIVIFERM
Durch die Kokzidien werden die Darmzotten mehr oder weniger zerstört, wodurch es auch zu einer Veränderung des Darmmilieus kommt. Auf diese Weise dient die Kokzidiose oft als Wegbereiter für eine zusätzliche bakterielle Infektion, z. B. mit Salmonellen. Die Regeneration der Darmzotten nach überstandener Kokzidieninfektion nimmt mehrere Tage in Anspruch. Die relativ lange Verabreichungsdauer des Kokzidiostatikums trägt zusätzlich noch zur Belastung der Darmflora bei. LIVIFERM sorgt für die rasche Wiederherstellung des physiologischen Darmmilieus und hilft, diese kritische Phase zu überbrücken. Das Risiko einer bakteriellen Zusatzinfektion wird verringert, die Genesung wird beschleunigt.

Abb. 79. Behandlungsschema bei Kokzidiose.

Die Vorbeugemaßnahmen lassen sich in zwei Komplexe einteilen:

■ Maßnahmen zur Verhinderung der Sporulation der Oozysten und ihrer Aufnahme durch die Tauben

Da die Kokzidienoozysten eine Sporulation (Reifung) außerhalb des Tierkörpers durchmachen müssen, um infektiös zu werden, ist es erforderlich, täglich den Kot aus dem Taubenschlag zu entfernen. Die verhältnismäßig schnell einsetzende Sporulation der Oozysten kann durch Haltung der Tauben in Käfigen mit trockenem Fußboden verhindert werden. Im gewachsenen Erdreich finden Oozysten dagegen beste Voraussetzungen für ihre Reifung. Zur Vermeidung einer Infektion werden die Tauben dann auf einem Gitterrost gehalten, welcher über dem Boden ausgespannt wird (z. B. in der Voliere).

Die Tauben sollen nur kontrollierten Freiflug erhalten; man läßt sie ausschließlich nur vor dem Füttern fliegen und verringert somit die Wasseraufnahme im Freien aus Pfützen, stehendem Wasser oder Dachrinnen. Tauben trinken gewöhnlich nur nach der Futteraufnahme.

■ Maßnahmen zur Verringerung des Stresses bei den Tauben und zur Stärkung der Abwehrbereitschaft

Da Kokzidien bei den meisten Tauben vorliegen und keine Krankheitserscheinungen auslösen, führt jede Störung des Gleichgewichtes zwischen dem Erreger und der körpereigenen Abwehr durch nachteilige Umwelteinflüsse zu einer Minderung der natürlichen Widerstandskraft. Die Folge kann eine massenhafte Vermehrung der Kokzidien sein. Deshalb müssen alle Belastungen der Tauben wenn möglich vermieden werden.

Entscheidend trägt zur Stärkung der Widerstandskraft und damit zur Krankheitsvorbeuge eine ausgeglichene Fütterung bei. Dazu gehört insbesondere eine ausreichende Versorgung mit Vitaminen, besonders mit den Vitaminen A, K_3 und des B-Komplexes.

Die in den Kapiteln 3 und 4 aufgeführten Vorbeugemaßnahmen sind für die Kokzidiose besonders wichtig.

2

Spul- und Haarwürmer

Begriff/ Vorkommen

Spul- und Haarwurmbefall

Bei der Verwurmung der Tauben haben wir es besonders häufig mit Spul- und Haarwürmern zu tun. Andere Wurmarten spielen nur eine untergeordnete Rolle.
Spul- und Haarwürmer schmarotzen im Darm der Tauben. Diese Rundwürmer schädigen den Körper durch den Entzug wichtiger Nährstoffe aus dem Verdauungsbrei (Spulwurm), durch die Giftwirkung ihrer Ausscheidungsprodukte und durch Zerstörung der Darmwand (Haarwurm).

Abb. 80

Abb. 81

Spul- und Haarwürmer

Die bei den Tauben vorkommenden Arten des Haarwurms (Capillaria obsignata und caudinflata) befallen auch andere Haus- und Wildvögel. Fast jede zweite Taube ist von Haarwürmern befallen. Haarwurmbefall ist die häufigste Wurmerkrankung bei Tauben.

Der Taubenspulwurm (Ascaridia columbae) kommt nur bei Tauben vor. Jede fünfte Taube ist von Spulwürmern befallen.

Oft treten beide Wurmarten gleichzeitig auf. Eine erhöhte Anfälligkeit besteht bei Jungtauben. Dagegen erwerben Alttauben eine Art von Immunität gegen diese Parasiten. Obwohl sie vereinzelt Würmer beherbergen, treten selten Krankheitsanzeichen auf. Diese Tauben sind Dauerausscheider, die eine ständige Infektionsquelle für den übrigen Bestand, vor allem für die Nachzucht, darstellen.

Erreger/Infektionsweg

Würmer bestehen vorwiegend aus Eiweiß. Sie sind gegen die Verdauungssäfte des Wirtstieres durch Hüllschichten aus Keratin bzw. Chitin geschützt. Im Darm halten sich die Würmer mit Saugnäpfen (Spulwurm) oder durch Einbohren mit dem Vorderende in die Schleimhaut (Haarwurm) fest und werden deshalb selbst nicht, wohl aber ihre Eier, mit dem Verdauungsbrei weiterbefördert und mit dem Kot ausgeschieden.

Spulwürmer sind zwei bis sechs Zentimeter lang mit einem Durchmesser von ca. einem Millimeter. Sie sind mit bloßem Auge sichtbar. Haarwürmer sind dagegen mit einer Länge von 2,6 Zentimetern und einem Durchmesser von nur 0,08 Millimetern wesentlich kleiner und haarfein.

Die Vermehrung erfolgt auf direktem oder indirektem Wege. Würmer mit direkter Vermehrung (Ascaridia columbae, Capillaria obsignata) brauchen keinen Zwischenwirt. Die mit dem Kot ausgeschiedenen Eier machen in der Außenwelt ein Reifestadium durch und werden von der Taube „direkt" aufgenommen. Bei der indirekten Vermehrung (Capillaria caudinflata) muß das Ei zunächst in einen Zwischenwirt (Regenwurm) gelangen, in dem die Reifung abläuft. Im Ei entwickelt sich eine Larve. Wenn die Taube den infizierten Regenwurm frißt, gelangen die reifen Eier in den Darm. Hier wird die Eihülle aufgelöst, die Larve wird frei und wächst im Taubendarm zum geschlechtsreifen Wurm heran.

Spul- und Haarwürmer

Die Tauben können sich nur durch die Aufnahme von reifen (infektionstüchtigen) Eiern anstecken. Dabei ist die Gefahr der Ansteckung bei den Würmern mit direkter Vermehrung größer als bei denjenigen, die sich indirekt vermehren, da sich die Tauben ständig wieder aus ihrem eigenen Kot anstecken können. Es dauert immer einige Zeit (mindestens eine Woche), bis die Eier infektionstüchtig werden. Das regelmäßige Entfernen des Kotes ist deshalb die beste Vorbeugemaßnahme gegen Wurmbefall.

Krankheitsanzeichen und -verlauf

Bei geringgradigem Wurmbefall kommt es zu einer schleichenden Schädigung der Taube. Der ständige Nährstoffentzug durch die Würmer, die Giftwirkung ihrer Ausscheidungsprodukte und die langsame aber stetige Schädigung der Darmwand bewirken eine Störung des Allgemeinbefindens, erkennbar an verminderter Lebhaftigkeit und stumpfem, mattem Gefieder. Wurmbefallene Tauben sind auch gegenüber anderen Erkrankungen anfälliger.

Hochgradiger Befall verursacht eine so starke Allgemeinschädigung, daß das Wachstum bei den Jungtauben verzögert ist. Dauert der Wurmbefall längere Zeit an, treten Gewichtsverluste und sichtbare Abmagerung bis hin zur völligen Auszehrung des Körpers auf.

Haarwürmer schädigen die Darmwand durch Einbohren und durch Auflösen der Darmwandzellen durch Fermente. Die aufgelösten Darmwandzellen dienen dem Haarwurm als Nahrung. Durch die Verletzung der Darmwand kommt es zu Blutungen. Dieser Blutverlust führt zu einer sich rasch verstärkenden Blutarmut, an der die Jungtauben innerhalb weniger Tage verenden können.

Massiver Spulwurmbefall verursacht bisweilen auch Lähmungen, die Folge von Mangelerscheinungen durch den Nährstoffentzug oder die Folge einer Vergiftung durch die Ausscheidungsprodukte der Würmer.

Starke Spulwurmansammlungen verringern den Durchmesser des Dünndarms. Dadurch wird der Transport des Nahrungsbreies verzögert. Der Nahrungsbrei verweilt zu lange im Dünndarm und geht in Fäulnis über.

Krankheitsfeststellung

Am lebenden Tier kann eine Verwurmung nur durch eine Kotuntersuchung festgestellt werden. Im Aufschwemmverfahren werden die Wurmeier mikroskopisch nachgewiesen.

Abb. 83

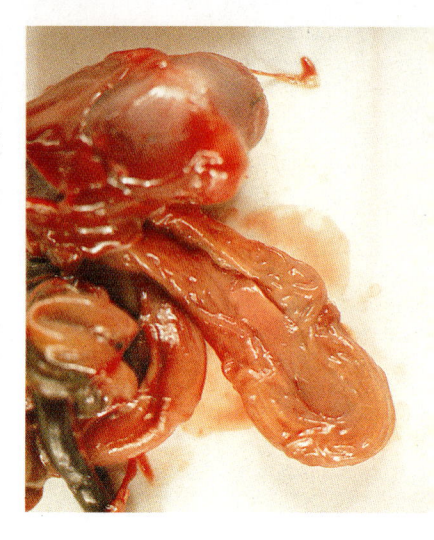

Abb. 83. Dünndarmschleife: Der Dünndarm ist mit Spulwürmern prall gefüllt, der Nahrungsbrei kann den Darm nur schlecht passieren.
Neben dem Entzug von Nährstoffen schädigen die Ausscheidungsprodukte der Würmer die Taube.
Diese drei Schadwirkungen führen zu einer Allgemeinstörung und zur raschen Abmagerung (siehe Abb. 80).

Abb. 84. Gleiche Taube wie in Abb. 83, der Darm ist eröffnet: Der Massenbefall mit Spulwürmern wird deutlich sichtbar.

Abb. 85. Leberentzündung und Leberschwellung bei Spulwurmbefall.

Abb. 85

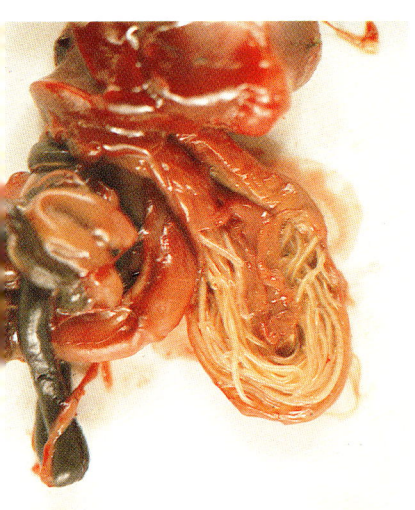

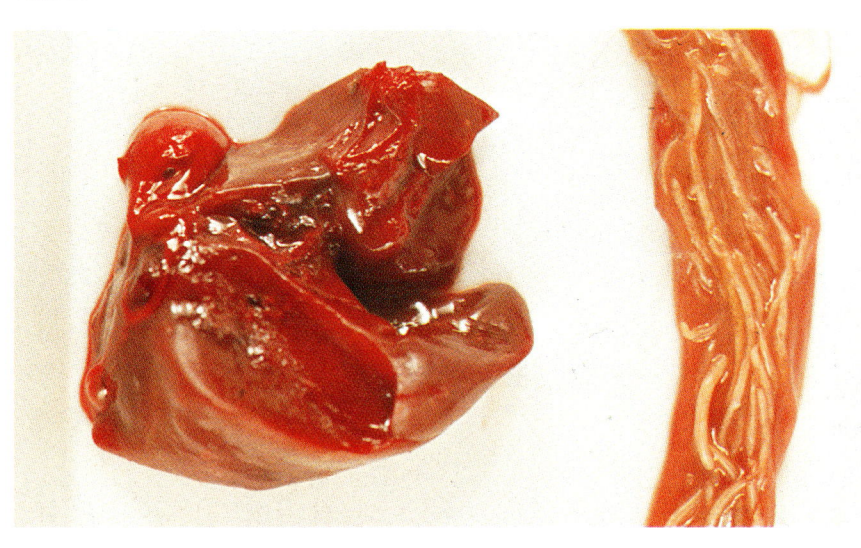

Spul- und Haarwürmer

Schneidet man bei der Tierkörperuntersuchung den Darm auf, erkennt man Spulwürmer mit bloßem Auge auf der Darmschleimhaut. Um Haarwürmer nachweisen zu können, muß ein Abstrichpräparat gemacht werden. In diesem sind dann auch die sehr feinen Haarwürmer gegen einen dunklen Hintergrund gut sichtbar.

Ähnliche Erkrankungen

Wie Wurmbefall erzeugen auch Kokzidiose und Salmonellose Darmstörungen und damit Durchfall. Die Kotuntersuchung kann den Wurmbefall von diesen Erkrankungen abgrenzen.

Behandlung

Seit einigen Jahren verwenden wir zur Beseitigung von Spul- und Haarwurmbefall ASCAPILLA-Kapseln, welche den Wirkstoff Cambendazol enthalten. Das Cambendazol tötet sowohl geschlechtsreife Würmer wie auch Larvenstadien.

Die Entwurmung ist eine Stoßbehandlung. Es müssen alle Bestandstauben gleichzeitig behandelt werden.

Spul- und Haarwürmer

Aus folgenden Gründen muß die Entwurmung als Einzeltierbehandlung durchgeführt werden:

- Nur so ist eine genaue Dosierung des Wurmmittels möglich.
- Durch die kurzfristig hohe Konzentration wird mit einer insgesamt geringen Wirkstoffmenge eine gute Wirkung erzielt. Unerwünschte Nebenwirkungen werden so verringert oder ausgeschaltet.
- Bei der Trinkwasserkur verweigern erfahrungsgemäß einzelne Tauben bei nur geringer geschmacklicher Abweichung durch das Wurmmittel die Wasseraufnahme für drei bis vier Tage. Diese Tiere erhalten zu wenig oder gar kein Wurmmittel, bleiben verwurmt und stecken den Bestand wieder an.

ASCAPILLA ist gut verträglich. Bei richtiger Eingabe werden die Kapseln nicht erbrochen. Dazu wird die Kapsel mit Wasser angefeuchtet (trockene Gelatine-Kapseln würden an der Schleimhaut festkleben), durch den geöffneten Schnabel in die Rachenhöhle gebracht und mit dem Finger vorsichtig möglichst tief in Richtung Speiseröhre geschoben. Bei dieser Verabreichung muß eine Person die Taube halten und eine weitere die Eingabe der Kapsel durchführen.

Abb. 86

Kapsel	**Alle Tiere des Bestandes:** Tauben bis 400 g Körpergewicht 1 Kapsel, über 400 g Körpergewicht 2 Kapseln ASCAPILLA pro Taube und Tag; Dauer 2 Tage	1. u. 2. Tag
Hygiene	**Desinfektion:** Reinigung und Desinfektion mit CHEVI 75 (5%ig). Alle Flächen, die mit Kot verunreinigt werden; 1 Liter Lösung für 10 m²	3. Tag
Tränke	**Alle Tiere des Bestandes:** Nachbehandlung über 5 Tage mit 1 Beutel MYCOSAN-T/3 Liter Wasser, 1 Teelöffel VITIN/1 Liter Wasser oder 1 Beutel LIVIFERM*/2 Liter Wasser	3. — 8. Tag

* LIVIFERM
Das Vorhandensein der Würmer und schließlic[h] das Abtreiben derselben durch die Entwurmun[g] ist mit einer Verschiebung des Darmmilieus ve[r]bunden. Um möglichst rasch die physiologisch[e] Darmflora wiederherzustellen und damit die Ve[r]dauung zu normalisieren, ist der Einsatz von LIV[I]FERM in der Nachbehandlungsphase angezeig[t].

Abb. 86. Behandlungsschema bei Spul- un[d] Haarwurmbefall.

Abb. 87

Spul- und Haarwürmer

Jede Wurmkur ist eine Belastung für die Taube. Deshalb sollten kröpfende Tauben und Tauben in der Hauptmauser nicht behandelt werden. Ist aber aufgrund eines sehr starken Befalls die Behandlung kröpfender Tauben unumgänglich, wird sie abends durchgeführt, wenn die Fütterung der Nestlinge abgeschlossen ist.

Die wichtigsten Maßnahmen bei der Bekämpfung der Spul- und Haarwürmer sind:

■ Alle Tiere des Bestandes:

Die Behandlung erfolgt an 2 aufeinanderfolgenden Tagen. An jedem Behandlungstag erhalten leichte Rassen bis 400 g Körpergewicht 1 Kapsel, schwere Rassen über 400 g Körpergewicht 2 Kapseln ASCAPILLA pro Tag.

■ Desinfektion:

Am Tag nach der Entwurmung ist eine Schlagentmistung mit Naßreinigung vorzunehmen. Anschließend ist eine Desinfektion erforderlich. Dabei muß ein Desinfektionsmittel verwendet werden, das nachweislich Wurmeier schädigt (DVG-Liste). Wir verwenden CHEVI 75 (5%ig); 1 Liter der Gebrauchslösung reicht für die Desinfektion einer Fläche von 10 Quadratmetern aus. Alle Flächen, die mit Kot in Berührung kommen, müssen besprüht werden.

■ Nachbehandlung:

Zur Stärkung der Widerstandskraft und der Leistungsfähigkeit wird den Tauben nach einer Wurmkur für 5 Tage MYCOSAN-T (1 Beutel auf 3 Liter Wasser) oder VITIN (1 Teelöffel auf 1 Liter Wasser) oder LIVIFERM (1 Beutel auf 2 Liter Wasser) verabreicht.
Damit wird gleichzeitig das durch die Spul- und Haarwürmer hervorgerufene Vitamindefizit ausgeglichen.

Vorbeuge

Nach erfolgreicher Entwurmung ist der Taubenbestand vor einer erneuten Infektion zu schützen. Die wichtigste Maßnahme ist das regelmäßige Entfernen des Kotes aus dem Schlag, so daß die Wurmeier vor ihrer Reifung zu infektionstüchtigen Eiern beseitigt werden. Außerdem haben Tauben vielerlei Gelegenheit, sich mit Spul- und Haarwurmeiern zu infizieren.

Abb. 87. Spulwurmausscheidung nach einer Wurmkur.

Spul- und Haarwürmer

So bietet der Kontakt auf Ausstellungen, im Kabinenexpress oder die Volierenhaltung auf natürlich gewachsenem Boden eine erhebliche Ansteckungsquelle.

Gefährdet sind gesunde Tiere auch durch Zukauftauben, wenn diese ohne vorherige Entwurmung sofort in den Bestand aufgenommen werden.

Eine weitere Gefahr der Verwurmung besteht durch den Kontakt mit freilebenden Vogelarten (z. B. in der Voliere).

Erfahrungsgemäß ist trotz der Vorbeugemaßnahmen mit einer erneuten Infektion von Spul- und Haarwürmern zu rechnen. Deshalb empfehlen wir dem Taubenzüchter Vorsorgeentwurmungen mit ASCAPILLA (bis 400 Gramm Körpergewicht 1 Kapsel, über 400 Gramm 2 Kapseln). Die Termine sind in Abb. 88 aufgeführt.

Die vorbeugende Wurmkur schützt den Bestand vor der Ausbreitung des Spul- und Haarwurmbefalls. Sie bietet die Grundlage für die Haltung gesunder und leistungsfähiger Tauben, da durch die Wurmfreiheit auch die Gefahr anderer Erkrankungen vermindert wird.

Abb. 88

	Brieft.	Rasset.
Jan.		
Feb.	◐	
März		◐[1]
April	◐[1]	
Mai		
Juni		
Juli		◐
Aug.	◐	
Sept.		
Okt.		
Nov.		
Dez.		◐

Abb. 88. Zeitplan für die Entwurmung des Bestandes. Anmerkung zu [1]: Entwurmung der Jungtauben.

Befall mit Zecken, Milben, Federlingen

Parasiten

Begriff/Vorkommen

Der Befall mit Außenparasiten ist bei Tauben weit verbreitet. Die zu den Insekten und Spinnentieren zählenden Schmarotzer schädigen die Tauben auf unterschiedliche Art.
Während ein geringgradiger Befall oft keine Krankheitsanzeichen hervorruft, kann es durch einen starken Befall zu beachtlichen Schädigungen bis hin zum Tod von Jungtauben kommen.

- **Zecken** sind Spinnentiere, welche die Tauben zeitweise befallen und Blut saugen. Diese Parasiten greifen auch andere Vogelarten, Säugetiere und den Menschen an.
  Die vorwiegend nachts aktiven Zecken bewirken manchmal einen so großen Blutverlust, daß es zur Blutarmut kommt. Nestlinge und Jungtauben können verenden.
  Bei unseren Tauben kommen zwei Arten vor, Taubenzecke und Vogelzecke.

- **Milben** gehören ebenfalls zu den Spinnentieren. Sie leben auf oder in der Haut und ernähren sich je nach Art von Blut, Gewebeteilchen oder Federmaterial. Außer bei den Tauben kommen die gleichen Milbenarten auch beim Hausgeflügel und bei anderen Vogelarten vor.
  Die meisten Milbenarten leben ständig auf dem Wirtstier. Eine Ausnahme stellt die Rote Vogelmilbe dar, die tagsüber von der Taube entfernt im Schlag unter den Sitzstangen oder in Ritzen verborgen lebt und nur nachts auf die Tiere übergeht.
  Die für unsere Tauben gefährlichsten Milbenarten sind die Rote Vogelmilbe, die Körperräudemilbe und die Kalkbeinmilbe. Diese Arten rufen bei starkem Befall erhebliche Krankheitsanzeichen hervor.

- **Federlinge** sind Insekten, von denen bei den Tauben elf Arten vorkommen. Fast jede Taube beherbergt Federlinge, die bei geringgradigem Befall aber nur wenig Schaden anrichten.
  Die Parasiten leben ständig auf der Taube und ernähren sich von Federpuder, Federmaterial, Hautschuppen und bisweilen auch von Blut. Hochgradiger Befall führt zu Fraßlöchern in den Federn, stärkerer Abnutzung des Gefieders und mangelhafter Federbildung bei den Nestlingen.

Abb. 89–93. Schematische Darstellungen der wichtigsten, bei Tauben vorkommenden Ektoparasiten. Gezeigt ist die Unterseite. Die Abbildungen sind untereinander nicht maßstabsgerecht (Übersicht Seiten 80 und 81).

2 Parasiten

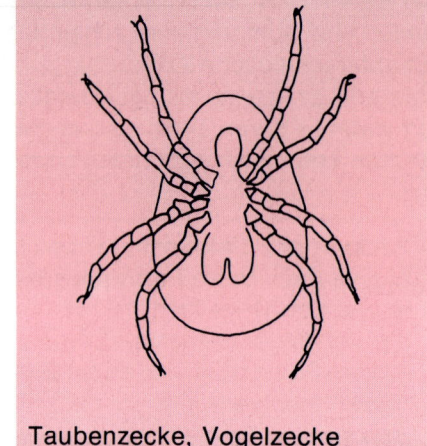

Abb. 89 — Taubenzecke, Vogelzecke

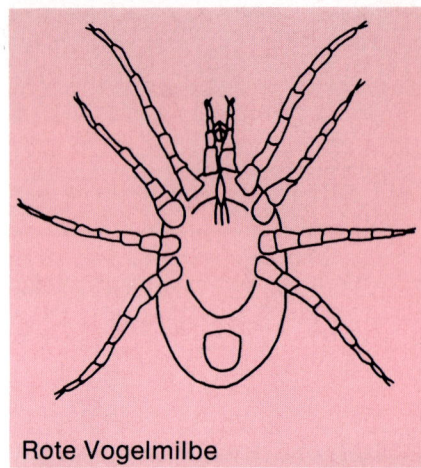

Abb. 90 — Rote Vogelmilbe

	Abb. 89 Taubenzecke, Vogelzecke	Abb. 90 Rote Vogelmilbe
Erreger		
Lebensweise/ Entwicklung	Eiablage in der Umwelt; Entwicklungsstadien des Parasiten leben bis zur Geschlechtsreife ständig auf der Taube. Erwachsene Zecken gehen nur zum Blutsaugen auf die Tauben über.	Eiablage in der Umwelt; Entwicklungsstadien und geschlechtsreife Parasiten befallen die Tauben nur zum Blutsaugen (vorwiegend nachts).
Entwicklungsdauer	Taubenzecke ca. 640 Tage; Vogelzecke ca. 60 Tage.	Ca. 7 Tage.
Ernährung	Blut.	Blut.
Krankheitsanzeichen	Blutarmut bei Jungtauben, führt manchmal zum Tod; an den Bißstellen oft kleine Entzündungen.	Blutarmut bei Jungtauben, führt manchmal zum Tod; vermindertes Wachstum.
Krankheitsfeststellung	Dunkelrote Zecken nachts mit bloßem Auge auf der Haut gut zu sehen, wenn plötzlich Licht im Schlag.	Tagsüber mit den Fingern unter die Sitzstangen streichen, zerquetschte Milben färben Finger rot.
Besonderheiten bei der Behandlung	Auch die Umwelt entseuchen, vor allem Holzteile (CHEVITREN, 4%ig oder INS-15, 2%ig).	Besonders die Umwelt entseuchen, vor allem Holzteile (CHEVITREN, 4%ig oder INS-15, 2%ig).

Parasiten

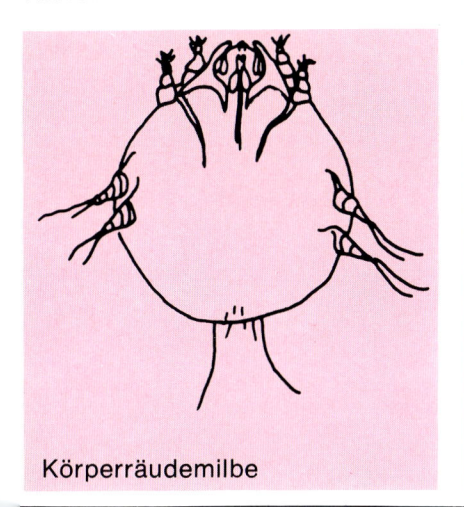

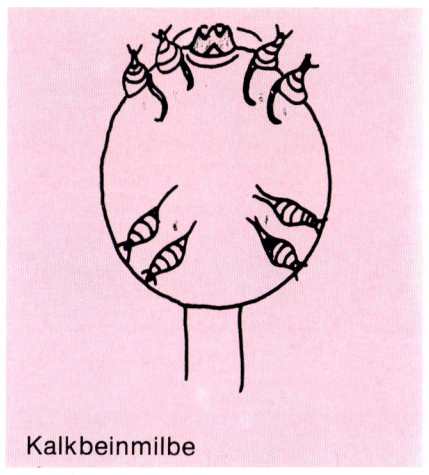

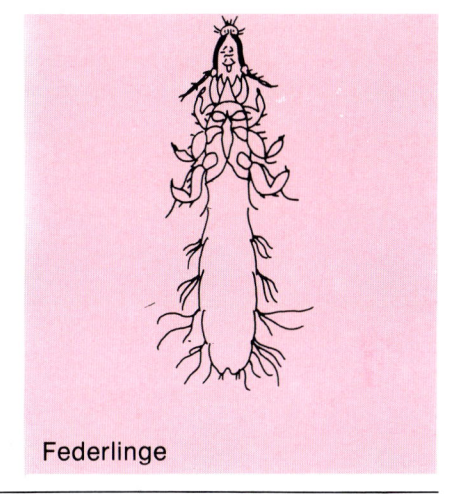

Abb. 91	Abb. 92	Abb. 93
Körperräudemilbe	Kalkbeinmilbe	Federlinge
Weibchen gebären lebende Larven auf der Taube; Entwicklungsstadien und geschlechtsreife Parasiten leben ständig auf der Taube.	Eiablage auf der Taube; Entwicklungsstadien und geschlechtsreife Parasiten leben ständig auf der Taube.	Eiablage auf der Taube; Entwicklungsstadien und geschlechtsreife Parasiten leben ständig auf der Taube.
Ca. 21 Tage.	20—26 Tage.	Ca. 7 Tage.
Gewebeteilchen, Körpersäfte.	Gewebeteilchen, Körpersäfte.	Federpuder, Federmaterial, Hautschuppen, selten Blut.
Schuppiger Ausschlag, Juckreiz, Federausfall; allgemeine Schwäche.	Graue, kalkartige, borkig-blättrige Beläge an den Beinen; manchmal Gehbeschwerden.	Fraßlöcher in den Federn, schnellere Abnutzung des Gefieders, mangelhafte Federbildung; Juckreiz.
Mikroskopischer Nachweis der Parasiten in Feder- oder Gewebeproben.	Mikroskopischer Nachweis der Parasiten in Hautschuppen der veränderten Beinbezirke.	Mit bloßem Auge in den Federn und auf der Haut als kleine braune oder helle Punkte zu sehen.
	Auflagerungen aufweichen und vorsichtig ablösen; Beine mehrmals mit CHEVITREN (2%ig) einpinseln.	Auch die Nistschalen entseuchen (CHEVITREN, 2%ig).

Parasiten

Da die meisten aufgeführten Parasiten ständig auf der Taube leben, erfolgt die Bekämpfung am Tier selbst. Abweichungen und zusätzliche Maßnahmen sind in der vorhergehenden Übersicht angegeben.

Behandlung

Die Tauben müssen von rückwärts und unten bei angehobenen Flügeln bis zur Tropfnässe eingesprüht werden. Es dürfen nur Präparate verwendet werden, die für warmblütige Tiere wie die Tauben unschädlich sind. Aus diesem Grund sind Atmungsgifte abzulehnen.

Alle Tiere des Bestandes werden mit CHEVITREN (2%ig) oder INS-15 (2%ig) eingesprüht, oder mit INSEKT-PUDER behandelt. Um alle Entwicklungsstadien der Parasiten zu erfassen, muß die Ungezieferbekämpfung nach 3 Wochen wiederholt werden.

Vorbeuge

Eine regelmäßige Ungezieferbekämpfung ist die beste Vorbeugemaßnahme, um die Parasiten in Grenzen zu halten. Da man nicht absehen kann, von welcher Parasitenart eventuell eine Gefahr ausgeht, sollte auch die Umwelt mit in das Entseuchungsprogramm einbezogen werden. Damit werden auch Parasiten erfaßt, die nicht ständig auf der Taube leben, besonders die Rote Vogelmilbe und die Zecken.

Die vorbeugende Ungezieferbekämpfung sollte während der warmen Jahreszeit alle 4 Wochen, im Winter alle 8 Wochen durchgeführt werden. In der warmen Jahreszeit kann anstelle der Sprühbehandlung der Tauben dem Badewasser CHEVITREN (1 Messerspitze auf 5 Liter Wasser) zugesetzt werden.

Die Nistschalen müssen vor jeder Brut gründlich gereinigt werden. Gibt man anschließend eine Messerspitze INSEKT-PUDER hinein, bleiben die Jungtiere frei von Außenparasiten.

Viele Schädlingsbekämpfungsmittel, vor allem solche mit Quecksilber und schwer abbaubaren organischen Substanzen, bedeuten eine Gefahr für Mensch, Tier und Umwelt. Man ist daher bestrebt Substanzen einzusetzen, welche bei optimaler Wirkung gegen Schädlinge ein Minimum an Gefährdung beinhalten. Dies setzt einen umweltfreundlichen Abbau des verwendeten Wirkstoffes zu ungiftigen Stoffen voraus, sowohl im Stoffwech-

Parasiten

sel von Mensch und Tier als auch in der Umwelt. Ein ungefährliches Insektizid muß ferner die Eigenschaft besitzen, sich nach der Aufnahme nicht im Körper anzureichern, sondern muß vollständig und ohne Belastung wieder ausgeschieden werden. Diese Forderungen können z. B. Atmungsgifte, wie Dichlorfos, nicht erfüllen, weshalb sie zur Parasitenbekämpfung bei warmblütigen Tieren, also auch bei den Tauben, möglichst nicht angewendet werden sollten. Werden solche Stoffe dennoch eingesetzt, müssen die Tauben aus dem Schlag entfernt werden, damit sie auf keinen Fall diese Atmungsgifte einatmen. Wir beobachten oft einen plötzlichen Abfall der Reiseleistung nach Anwendung solcher Atmungsgifte.

Wir verwenden derzeit nur Bekämpfungsmittel, welche die Wirkstoffe Tetrachlorvinfos oder Cypermethrin enthalten. Es handelt sich um Kontaktgifte, d. h. der Wirkstoff wird bei Berührung von den Schädlingen über die Haut aufgenommen. Dank der Unschädlichkeit für warmblütige Lebewesen, wie auch die Tauben, ist eine Anwendung sämtlicher genannter Präparate zur Bekämpfung der Außenparasiten auch im belegten Schlag und sogar in Nistschalen mit Kükenbesatz möglich.

Der Wirkstoff liegt in den genannten Präparaten als Konzentrat zur Herstellung einer 2–4%igen Gebrauchslösung (CHEVITREN, INS-15) oder als gebrauchsfertiges Produkt (INSEKT-PUDER) vor. An den behandelten Flächen, Gegenständen und Tieren hat der verbleibende Wirkstoff, neben der Sofortwirkung auf die direkt getroffenen Schädlinge, eine Dauerwirkung von 6–8 Wochen.

Grundsätzlich müssen bei der Bekämpfung der Außenparasiten in der Umgebung der Tauben folgende Punkte besonders beachtet werden:

- Die zu entseuchenden Schläge und Gegenstände müssen zumindest besenrein gesäubert werden. Noch besser ist die Naßreinigung mit heißem Wasser und Reinigungsmitteln.
- Nach der Naßreinigung müssen die Flächen und Gegenstände erst abtrocknen, bevor die Bekämpfungsmittel ausgebracht werden.
- Ecken und Ritzen müssen besonders sorgfältig gereinigt und behandelt werden.
- Das Präparat ist nach den Anwendungsvorschriften, die jeder Packung aufgedruckt oder beigefügt sind, anzuwenden. Besonders die vorgeschriebene Konzentration, Anwendungsmenge und Einwirkungsdauer sind genau zu befolgen.

Teil 3
Vorbeuge gegen Krankheiten bei Rassetauben

Vorbeuge	85
Vorbeugende Behandlung	86
Verbesserung der Federqualität	86
Vorbeugeplan Winter/Ruhezeit	88
Vorbeugeplan Anpaarung/Aufzucht	89
Vorbeugeplan Mauser	90
Vorbeugeplan Ausstellungssaison	91
Vorbeugeplan Zukauf	91

Sowohl infektiöse als auch nichtinfektiöse Faktoren können zum Ausbruch einer Erkrankung führen. Dabei ist für das sichtbare Auftreten der Krankheit nur selten eine eindeutige, alleinige Ursache verantwortlich. Es bestehen vielmehr zahlreiche Wechselbeziehungen zwischen den Krankheitsursachen.

Oft begünstigen nichtinfektiöse Belastungen (Streß), wie zum Beispiel die Umlegung der Tauben in ein anderes Schlagabteil, die Anpaarung oder die Mauser, den Ausbruch von infektiösen Erkrankungen.

Auch kann der Ausbruch einer Infektionskrankheit durch das unterschwellige Vorliegen einer anderen Infektion begünstigt werden. So treten zum Beispiel Schnupfenerkrankungen in solchen Beständen häufiger auf, die auch verstärkt Trichomonaden, die Erreger des „Gelben Knopfes", beherbergen und umgekehrt.

Das Verständnis dieses komplizierten Zusammenspiels von infektiösen und nichtinfektiösen Faktoren beim Ausbruch einer Erkrankung führte zu neuen Verfahren bei der Gesunderhaltung der Taubenbestände. Das Erkennen von vermeidbaren Belastungen und der Versuch, diese zu verringern oder auszuschalten, rückten die Vorbeugemaßnahmen in den Vordergrund.

Man unterscheidet bei den Vorbeugemaßnahmen zwischen der Vorbeuge (Prophylaxe) und der vorbeugenden Behandlung (Metaphylaxe).

Die Vorbeuge umfaßt Maßnahmen, die kontinuierlich über das Jahr oder in regelmäßigen Abständen durchgeführt werden.

Dazu gehören:
- Stärkung der Widerstandsfähigkeit des Körpers durch optimale Haltungsbedingungen, ausgewogene Fütterung und regelmäßige Verabreichung von Vitamin- und Mineralstoffpräparaten (z. B. VITIN).
- Verhindern von seuchenartigen Viruserkrankungen durch Schutzimpfungen (z. B. gegen Pocken, Paramyxovirose).
- Verminderung des Infektionsdruckes durch Hygienemaßnahmen in der Umwelt.

Vorbeuge Rassetauben

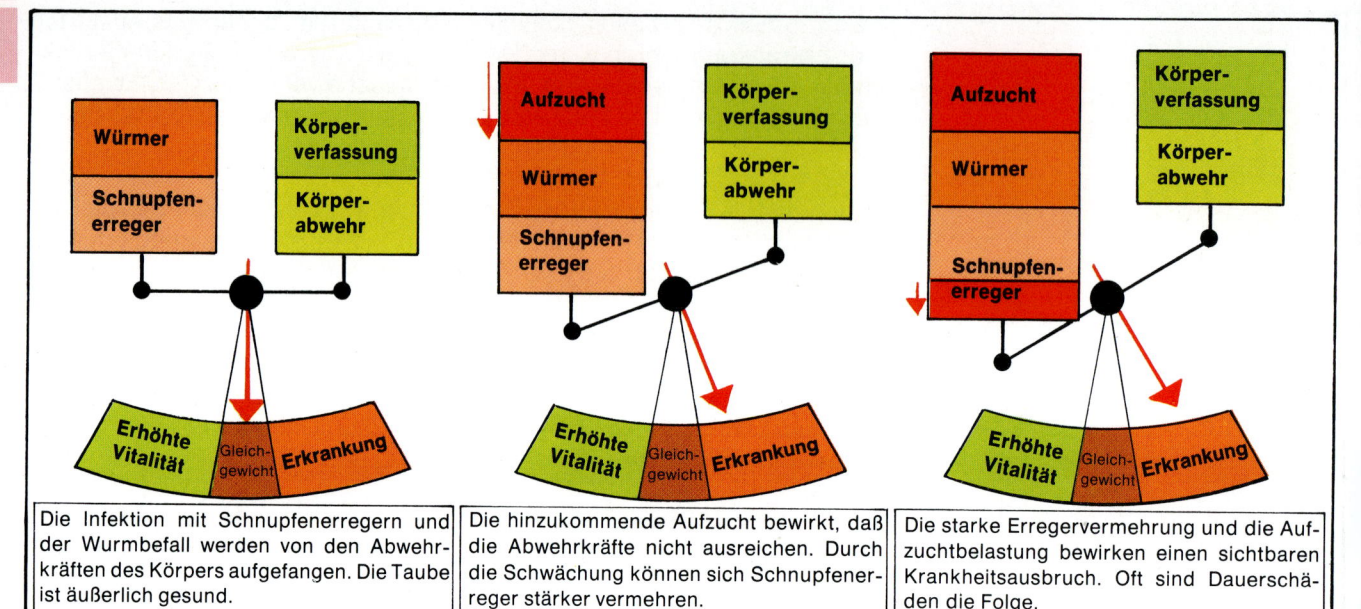

Abb. 94

| Die Infektion mit Schnupfenerregern und der Wurmbefall werden von den Abwehrkräften des Körpers aufgefangen. Die Taube ist äußerlich gesund. | Die hinzukommende Aufzucht bewirkt, daß die Abwehrkräfte nicht ausreichen. Durch die Schwächung können sich Schnupfenerreger stärker vermehren. | Die starke Erregervermehrung und die Aufzuchtbelastung bewirken einen sichtbaren Krankheitsausbruch. Oft sind Dauerschäden die Folge. |

Vorbeugende Behandlung

Die Stärkung der Widerstandsfähigkeit des Körpers durch das Abstellen von Belastungen hat Grenzen. In bestimmten Zeiten aber sind Streßsituationen für die Tauben nicht zu vermeiden, wie zum Beispiel in der Ausstellungssaison, während der Aufzucht der Jungen oder während der Mauser. In solchen Zeiten sind die Tauben einem erhöhten Krankheitsrisiko ausgesetzt. Es können dann vorhersehbare Krankheiten auftreten, gegen die die vorbeugende Behandlung gerichtet ist.

Zur Überbrückung dieser kritischen Phasen im Laufe eines Jahres werden vorhandene Erreger im Körper der Taube durch vorbeugende Behandlung und in der Umwelt durch Desinfektionsmaßnahmen reduziert.

Abb. 94. Schematische Darstellung: Beispiele für die Auswirkung von Belastungen au[f] die Gesundheit, ohne daß Gegenmaßnahmen getroffen werden.

Abb. 95. Schematische Darstellung: Beispiele für die Vorbeuge und vorbeugende Be[handlung].

Abb. 96. Geschwisterpaar in der Mause[r], rechtes Tier vorsorglich mit CHLORTETRA[-]CYCLIN-PLUS-Kapseln behandelt: Die Mau[ser] verläuft zügiger und schneller, es komm[t] zur Verbesserung der Federqualität.

Verbesserung der Federqualität

Nur gesunde, voll entwickelte Tauben eignen sich für Ausstellungen. Dabei kommt der Gefiederqualität eine herausragende Bedeutung zu. Ein gesundes, kräftiges und glänzendes Gefieder ist auch ein Spiegelbild für die Gesundheit der Tauben. Um die bestmögliche Befiederung zu erreichen, müssen einige Grundlagen beachtet werden:

Abb. 95

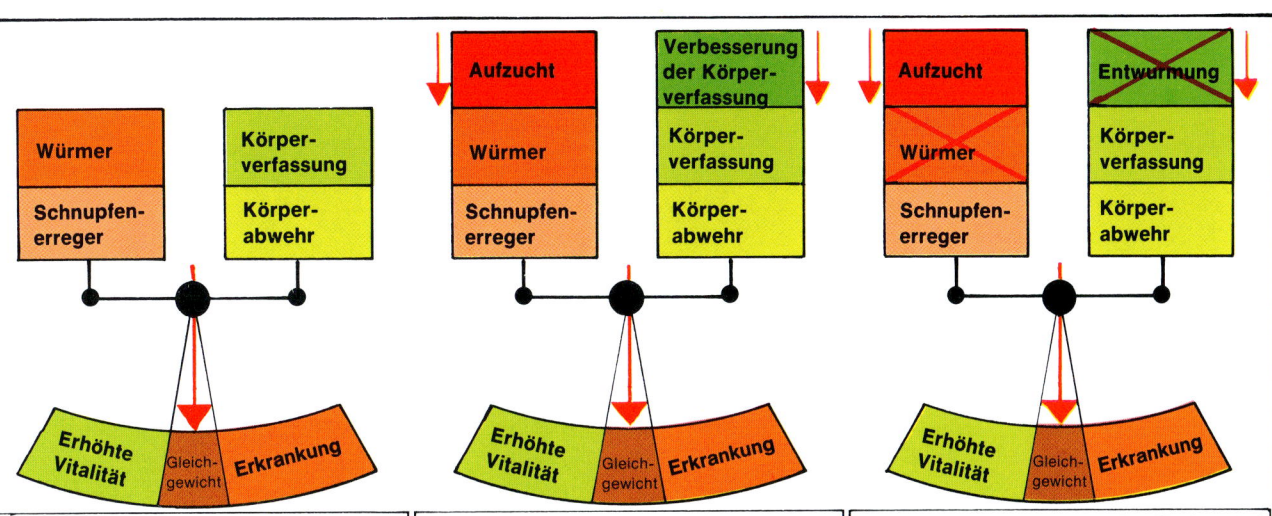

Vorbeuge Rassetauben

Würmer	Körperverfassung
Schnupfenerreger	Körperabwehr

Erhöhte Vitalität — Gleichgewicht — Erkrankung

Die Infektion mit Schnupfenerregern und der Wurmbefall werden von den Abwehrkräften des Körpers aufgefangen. Die Taube ist äußerlich gesund.

Aufzucht	Verbesserung der Körperverfassung
Würmer	Körperverfassung
Schnupfenerreger	Körperabwehr

Vorbeuge: Die Körperverfassung wird z. B. durch Vitamingaben gestärkt. Die Taube wird vitaler und verkraftet die Belastung „Aufzucht" besser.

Aufzucht	Entwurmung
Würmer	Körperverfassung
Schnupfenerreger	Körperabwehr

Vorbeugende Behandlung: Die Taube wird entwurmt, d. h. eine Belastung wird ausgeschaltet. Die Belastung „Aufzucht" wird besser verkraftet.

Abb. 96

- Die Mauser muß zügig und vollständig erfolgen. Zur Unterstützung des Stoffwechsels, zur Beschleunigung der Mauser und zur Neubildung eines gesunden, kräftigen Gefieders erhalten alle Tauben in dieser Zeit von Woche zu Woche wechselnd einmal wöchentlich 1 Beutel CHLORTETRACYCLIN-PLUS auf 3 Liter Wasser und in der folgenden Woche einmal 1 Teelöffel VITIN auf 1 Liter Wasser. Das Chlortetracyclin enthält Natriumarsanilat, welches eine Kräftigung des Blutbildungsapparates bewirkt und damit den gesamten Stoffwechsel unterstützt. Dies äußert sich in einem samtigen Glanz des Gefieders.

- Außenschmarotzer müssen von den Tieren ferngehalten werden. Dies geschieht durch die regelmäßige Ungezieferbekämpfung (CHEVITREN, 2%ig am Tier, 4%ig im Schlag). Vor und während der Ausstellungssaison sollten die Zeitabstände zwischen den Bekämpfungen von 8 Wochen auf 4 Wochen verkürzt werden.

- Alle zur Ausstellungsbeschickung vorgesehenen Tauben erhalten zur Verbesserung der Federqualität und zur Stärkung der Vitalität einmal wöchentlich 1 Kapsel CHLORTETRACYCLIN-PLUS pro Tier und Tag.

3 Vorbeugeplan Rassetauben

Wir verfahren derzeit bei den von uns betreuten Rassetaubenbeständen nach folgendem Vorbeugeplan:

Winter/Ruhezeit

Zeitpunkt	Begründung	Maßnahme
Nach Beendigung der Ausstellungssaison	Die Tiere benötigen eine Ruhepause, um sie kurz vor der Anpaarung wieder anregen zu können	Knappe Fütterung; keine aufputschenden Futtermittel (z. B. Sämereien) und keine anregenden Medikamente verabreichen
Während der gesamten Ruhezeit	Die Vitaminversorgung muß gesichert sein, um einer Unterversorgung durch die knappe Fütterung vorzubeugen	Einmal wöchentlich VITIN (1 Eßlöffel/2 Liter Wasser) oder jede zweite Woche MULTIVITAMIN-PLUS (2 Tage lang 1 Beutel/5 Liter Wasser) an alle Tauben; MULTIVITAMIN-PLUS besonders bei schweren Rassen einsetzen
Tierärztliche Maßnahmen während der Ruhezeit	Kotuntersuchung auf Salmonellen, da oft eine stumme Infektion vorliegt	Bei positivem Befund Bestand behandeln (siehe Seite 31)
	Kotuntersuchung auf Kokzidien, da sehr häufig eine stumme Infektion vorliegt	Nur bei mittel- und hochgradigen Befall den Bestand behandeln (siehe Seite 70)
	Auf Wurmbefall achten, da dieser erhebliche Störungen verursachen kann	1. Vorsorgeentwurmung aller Bestandstiere 4 Wochen vor der Anpaarung mit ASCAPILLA (siehe Seite 76)
	In Gegenden, in denen Pocken regelmäßig auftreten, ist die Gefahr einer Infektion besonders groß	Pockenschutzimpfung aller Bestandstiere im zeitigen Frühjahr Schutzwirkung für 1 Jahr (siehe Seite 58)

Vorbeugeplan Rassetauben

Zeitpunkt	Begründung	Maßnahme
	Bei ganzjährigen Kontaktmöglichkeiten mit anderen Beständen ist die Gefahr einer Infektion mit dem Paramyxovirus gegeben	Schutzimpfung aller Bestandstiere gegen Paramyxovirose; 1. Impfung 4 Wochen vor der Anpaarung und dann alle 4 bzw. 6 Monate wiederholen (siehe Seite 65)
Alle 8–10 Wochen während der Ruhezeit	Auf Außenparasiten (Milben, Zecken, Federlinge) achten, da neben der Federqualität auch die Gesundheit der Tauben leiden kann	Vorsorgliche Bekämpfung der Parasiten am Tier und in der Umwelt (siehe Seite 82)

Anpaarung/Aufzucht

Zeitpunkt	Begründung	Maßnahme
2 Wochen vor der Anpaarung	Zur Förderung der Leistungsfähigkeit und zur Belebung der Anpaarungsfreudigkeit	Über 3 Tage MYCOSAN-T an alle Zuchttiere (1 Beutel/3 Liter Wasser oder 1 Kapsel/Tier und Tag)
Vor jeder Brutperiode	Küken sind auch gegen geringgradigen Befall mit Außenparasiten zu schützen	INSEKT-PUDER in die Nistschale geben (1 Messerspitze) oder die Nistschalen mit INSEKT-PUDER einstäuben
Während der ersten Brutphase	In Beständen, in denen der „Gelbe Knopf" regelmäßig Schwierigkeiten bereitet, müssen die Erreger in den Elterntieren reduziert werden	Über 5 Tage GABBROCOL (1 Beutel/2 Liter Wasser) an alle Bestandstiere
2–3 Tage vor dem Schlupf	Die Trichomonaden müssen in den Zuchttieren vorübergehend ausgemerzt oder stark reduziert werden, damit die Jungen mit einer langsam steigenden Erregerzahl in Kontakt kommen und eine eigene Körperabwehr aufbauen können	Einmal GABBROCOL (1 Kapsel/Tier) an alle Zuchttiere.

3 Vorbeugeplan Rassetauben

	Zeitpunkt	Begründung	Maßnahme
	Während der Aufzucht	Zur besseren Entwicklung der Jungtiere und zur Verhinderung von Infektionskrankheiten	Von Woche zu Woche wechselnd an 1 Tag der Woche MYCOSAN-T (1 Beutel/3 Liter Wasser) und VITIN (1 Teelöffel/1 Liter Wasser) an die Elterntiere und Jungtauben
	Nach dem Absetzen der Jungen	Zur Infektionsabwehr und zur Stärkung der körpereigenen Abwehr bei den Jungtauben in einer besonders kritischen Phase	Über 3 Tage CHLORTETRACYCLIN-PLUS oder LIVIFERM (1 Kapsel/Tier und Tag) an alle abgesetzten Jungtauben
	4–5 Wochen nach dem Absetzen der Jungen	Wurmbefall verursacht insbesondere bei den Jungtauben oft erhebliche Störungen	Vorsorgeentwurmung der Jungtauben mit ASCAPILLA (siehe Seite 76)

Mauser

Zeitpunkt	Begründung	Maßnahme
Während der gesamten Mauser	Zur Unterstützung des Stoffwechsels, zur Beschleunigung der Mauser und zur Verbesserung der Federqualität	Von Woche zu Woche wechselnd an 1 Tag der Woche CHLORTETRACYCLIN-PLUS (1 Beutel/3 Liter Wasser oder 1 Kapsel/Tier und Tag) und VITIN (1 Teelöffel/1 Liter Wasser) an alle Bestandstiere
Rechtzeitig **vor** der Hauptmauser – in der Hauptmauser keine Entwurmung vornehmen	Zur Verhinderung des Wurmbefalls bei den durch den Mauservorgang ohnehin schon belasteten Tieren	2. Vorsorgeentwurmung aller Bestandstiere mit ASCAPILLA (siehe Seite 76)
Einmal während der Mauser	Zur Eindämmung der Trichomonaden in Problembeständen	Über 5 Tage GABBROCOL (1 Beutel/2 Liter Wasser) an alle Tauben
Alle 4 Wochen während der Mauser	Auf Außenparasiten achten	Vorsorgliche Bekämpfung der Parasiten am Tier und in der Umwelt (siehe Seite 82)

Ausstellungssaison

Zeitpunkt	Begründung	Maßnahme
4 Wochen vor der ersten Ausstellung	Wenn die Tauben das ganze Jahr von anderen Beständen abgeschirmt sind, genügt die einmalige Schutzimpfung gegen die Paramyxovirose zum Schutz vor Ansteckung auf Ausstellungen	Schutzimpfung aller Bestandstiere gegen die Paramyxovirose (siehe Seite 65)
Vor Beginn der Ausstellungssaison	Zur Verbesserung der Federqualität und zur Stärkung	Einmal wöchentlich CHLORTETRACYCLIN-PLUS (1 Kapsel/Tier) an alle zur Ausstellungsbeschickung vorgesehenen Tiere
Nach jeder Ausstellung	Zur Verhinderung der Ansteckung des Bestandes, zur Bekämpfung eventuell aufgenommener Erreger im Ausstellungstier selbst und zur rascheren Erholung	Über 3 Tage FURAZOLIDON-PLUS oder CHLORTETRACYCLIN-PLUS (1 Kapsel/Tier und Tag) an alle von der Ausstellung zurückkehrenden Tiere. Danach LIVIFERM (1 Kapsel/Tier für 1 Tag)

Zukauf

Zeitpunkt	Begründung	Maßnahme
Am Ankunftstag im neuen Bestand	Zum Schutz des Bestandes und zur Bekämpfung von eventuell vorhandenen Erregern im Zukaufstier selbst	1. Quarantäne für 2 Wochen, Alttauben einzeln, Jungtauben zusammen mit einzelnen, nicht so wertvollen Bestandstieren
		2. Kotuntersuchung bakteriologisch und parasitologisch; nach Befund gezielte Behandlung
		3. Vorbeugende Behandlung: Über 6 Tage FURAZOLIDON-PLUS oder CHLORTETRACYCLIN-PLUS (1 Kapsel/Tier und Tag) an alle Zukaufstiere; Danach LIVIFERM (1 Kapsel/Tier)
	Die Einschleppung von Würmern in den regelmäßig entwurmten Bestand muß verhindert werden	Vorsorgeentwurmung aller Zukaufstiere mit ASCAPILLA (einmal 1 Kapsel/Tier)

Teil 4
Vorbeuge gegen Krankheiten bei Brieftauben

Individuelles Leistungsvermögen	93
Vorbereitung auf die Flüge	94
Stoffwechsel während der Reise	94
Häufige Fragen	96
Vorbeugeplan Winter/Ruhezeit	99
Vorbeugeplan Anpaarung/Aufzucht	100
Vorbeugeplan Reisezeit	101
Vorbeugeplan Mauser	103
Vorbeugeplan Ausstellung	103
Vorbeugeplan Zukauf	104
Vorbeugeplan zugeflogene Tauben	104

4

Vorbeuge Brieftauben

Individ. Leistungsvermögen

Die Hochleistung von Brieftauben ist nur mit der sportlichen Leistung von Spitzensportlern vergleichbar. Da das Wettflugsystem in Deutschland zudem eine Leistung über die gesamte Reisezeit mit den gleichen Tauben verlangt, ist eine hervorragende Form über längere Zeit wichtig, um zu Erfolgen zu kommen.

Es ist jedoch ein anerkanntes physiologisches Prinzip, daß kein Organismus über längere Zeit eine gleich hohe Spitzenleistung halten kann. Auf den Taubensport bezogen verhält es sich so, daß jede Taube je nach Veranlagung, wenn sie an Spitzenleistungen herangebracht wird, eine eigene, individuelle Leistungskurve aufweist.

Eine Taube, die am Anfang der Saison sehr gut in Kondition gebracht wurde, hat vielleicht in der Mitte der Saison schon das Leistungsoptimum erreicht und kann auf den späteren Touren versagen. Im Gegensatz dazu können Tauben, die zu spät in die optimale Form kommen, erst am Ende der Reisezeit auf den vorderen Plätzen landen.

Das Bestreben eines jeden Züchters wird es sein, die Leistungskurve, die auch zu einem Teil vererbt ist, der einzelnen Taube zu erkennen und diese Taube dann gemäß ihrer Veranlagung während der Saison einzusetzen. So sollte z.B. eine Taube, die eine gute Veranlagung für Kurzstrecken besitzt, auch wirklich während der Kurzstreckenflüge ihr Leistungsoptimum aufweisen. Andererseits hat es keinen Sinn, eine Taube, die aufgrund der körperlichen Konstitution für Langstrecken geeignet ist, am Anfang der Saison, wenn also noch Kurzstrecken geflogen werden, bereits in Höchstform zu bringen. Mit Sicherheit wird diese Taube dann auf den Strecken, die ihr eigentlich liegen, nämlich den Langstrecken, versagen.

Um die optimale Leistungskurve einer Spitzentaube während einer Reisesaison möglichst lange zu halten, muß der Züchter besonders darauf achten, daß die Gesundheit erhalten bleibt. Der Spitzensportler, also auch die Spitzentaube, ist bekanntermaßen ganz besonders anfällig für gesundheitliche Einbrüche. Die häufigen Leistungseinbrüche in der Mitte der Flugsaison ergeben den Hinweis auf eine schon zu früh entwickelte Hochform und eine nachlassende gesundheitliche Verfassung. Besonders der Reisetaubenschnupfen, der ja eine Faktorenerkrankung ist, führt zu solchen gravierenden Leistungseinbrüchen, wenn der Züchter die Form frühzeitig überzieht und es an einer sinnvollen Vorbeuge während der Reise fehlen läßt.

4

Vorbeuge Brieftauben

Vorbereitung auf die Flüge

Eine allgemeine Regel für die Vorbereitung auf die Flüge läßt sich nicht aufstellen. Auch der schöne Spruch, daß die Fütterung ausgeglichen, die Vitaminversorgung gewährleistet oder das Trainingsprogramm entsprechend sein sollte, hilft uns wenig weiter. Es bleibt immer das Fingerspitzengefühl und das gute Auge des Züchters, die Erfahrung und die persönliche Beziehung zu seinen Tauben, die den Erfolg bringen.

Eine leichtfuttrige Taube, die vor Beginn der Saison zu fett geworden ist, sollte vielleicht durch richtige Ernährung und entsprechendes Training abgespeckt werden, während hochsensible Tauben, die oft hartfuttrig sind, durch entsprechende Futterzusätze, z.B. einen Vitaminstoß, zu vermehrter Futteraufnahme angeregt und auch reichlicher gefüttert werden sollten.

Generell läßt sich zur Vorbereitung auf die Saison jedoch immer sagen, daß am Anfang der Saison bei Tauben gleichbleibend guter Körperverfassung keine stark anregenden Sämereien, keine vermehrten Vitamingaben, Traubenzucker, Honig usw. verabreicht werden sollten. Diese zusätzliche Unterstützung des Körpers zur Auffüllung von Körperreserven sollte erst bei den späteren Flügen, bei schlechter Verfassung oder nach verkrachten Flügen Anwendung finden.

Stoffwechsel während der Reise

Wir wissen heute, daß die Taube auf längeren Flügen hauptsächlich Körperfett als Energiequelle heranzieht. Zur Fettverbrennung wird jedoch viel Sauerstoff benötigt, der durch die Lungen eingeatmet werden muß. Durch die beschleunigte Atmung geht dem Körper vermehrt Wasser verloren, wodurch wiederum die Körpersäfte eingedickt und Abbauprodukte des Stoffwechsels angesammelt werden. Eine möglichst rasche Normalisierung des Wasserhaushaltes, ein schneller Abbau der Stoffwechselabbauprodukte und ein Auffüllen der Körperreserven an verlorengegangenen Vitaminen, Mineralstoffen, Elektrolyten und Nährstoffen bestimmen natürlicherweise den Erfolg oder Mißerfolg des nächsten Fluges. Nach dem Flug ist der Einsatz gut verträglicher, den Stoffwechsel stützender Wirkstoffe zur Infektionsabwehr angezeigt.

Es hat sich gezeigt, daß die Verabreichung von Arzneimitteln in der Reisezeit den jeweiligen Ansprüchen angepaßt werden muß. Maßgebend sind dabei vor allem die Schwere des Fluges (Transport, Witterung, Strecke) und die Verfassung der Tauben (Gesundheit, Leistungsvermögen).

Abb. 97. In der Abbildung ist das derzeit vo uns durchgeführte Programm zur Vorbeug während der Reisezeit aufgezeigt. Es ist e sichtlich, daß die Dosierungen der jeweilige Arzneimittel insofern angepaßt sind, als b leichten Flügen niedrigere Konzentratione und eine kürzere Verabreichungsdauer vo gesehen sind als bei den mittelschwere und schweren Flügen. In dieser Übersicht bei der Verabreichung meist eine gewiss Schwankungsbreite aufgeführt, z.B. 1 Be tel/6–8 Liter Wasser. Die schwächere Ko zentration des Arzneimittels, also 1 Beutel Liter, wird zu Beginn der Reise und bei gü stiger Witterung angewandt. Mit fortschre tender Saison soll die Konzentration lan sam erhöht werden, also 1 Beutel/7 Lite später pro 6 Liter Wasser. Die Infektionsa wehr, besonders gegen den Reisetaube schnupfen, sieht bei den schweren Flüge auch die Verabreichung von CHLORTETR CYCLIN-PLUS über 2 Tage zur gezielten A wehr gegen diese Erkrankung vor. Die z sätzliche Verabreichung von CHEVIFIT a Rückkehrtag sollte den Witterungsverhä nissen Rechnung tragen und nach schwere Flügen generell und unabhängig von der W terung erfolgen.

* LIVIFERM
LIVIFERM kann verabreicht werden, um nach de Strapazen der Reise die normale Darmtätigke möglichst schnell wieder in Gang zu bringen.

Abb. 97

Vorbeuge Brieftauben

	Leichter Flug	Mittelschwerer Flug	Schwerer Flug
Rückkehrtag	MULTIVITAMIN-PLUS 1 Beutel/6–8 l Wasser **Bei schwüler Witterung zusätzlich:** CHEVIFIT od. LIVIFERM* 1 Beutel /1 l Wasser	MULTIVITAMIN-PLUS 1 Beutel/5–7 l Wasser **Bei schwüler oder warmer Witterung zusätzlich:** CHEVIFIT od. LIVIFERM* 1 Beutel/1 l Wasser	MULTIVITAMIN-PLUS 1 Beutel/5 l Wasser **Unabhängig von der Witterung zusätzlich:** CHEVIFIT od. LIVIFERM* 1 Beutel/0,5 l Wasser
1. Tag nach der Rückkehr	MYCOSAN-T 1 Beutel/6–8 l Wasser	MYCOSAN-T 1 Beutel/5–7 l Wasser **Spätheimkehrer:** MYCOSAN-T oder CHLORTETRACYCLIN-PLUS 1 Kapsel/Tier	MYCOSAN-T oder CHLORTETRACYCLIN-PLUS 1 Beutel/3–5 l Wasser **Spätheimkehrer:** MYCOSAN-T oder CHLORTETRACYCLIN-PLUS 1 Kapsel/Tier
2. Tag nach der Rückkehr		**Nur Spätheimkehrer:** MYCOSAN-T oder CHLORTETRACYCLIN-PLUS 1 Kapsel/Tier	MYCOSAN-T oder CHLORTETRACYCLIN-PLUS 1 Beutel/5 l Wasser **Spätheimkehrer:** MYCOSAN-T oder CHLORTETRACYCLIN-PLUS 1 Kapsel/Tier
1 Tag vor dem Einkorben	VITIN* 1 Eßlöffel/3 l Wasser	VITIN* 1 Eßlöffel/2 l Wasser	VITIN* 1 Eßlöffel/1 l Wasser oder MULTIVITAMIN EB 12* 1 Beutel/3–5 l Wasser oder 1 Kapsel/Tier
	* Der Einsatz von VITIN ist bis 2 Stunden vor dem Einkorben möglich, MULTIVITAMIN EB 12 sollte dagegen spätestens 12 Stunden vor dem Einkorben verabreicht werden. Es ist darauf zu achten, daß den Tauben ausreichend frisches Wasser zur Verfügung steht!		

4

Vorbeuge Brieftauben

Um dem Leser die Ausführungen verständlicher zu machen, werden einige Anfragen, die an uns in dieser oder jener Form sehr oft gestellt werden, erörtert.

Tauben zu langsam

■ **Anfrage:**
Zu Beginn der Reisesaison kamen meine Tauben alle zu fast gleicher Zeit an. Sie sind in guter Verfassung, jedoch etwas zu langsam. Anzeichen für eine Erkrankung sind nicht festzustellen. Was kann ich tun, um die Tiere schneller zu machen?

Antwort:
Der größte Fehler wäre in diesem Fall zu meinen, daß mit anregenden Stoffen, also auch mit einem hohen Vitaminangebot oder mit erhöhten Gaben von Arzneimitteln (z. B. CHLORTETRACYCLIN-PLUS, MYCOSAN-T) etwas auszurichten wäre. Da die Gesundheit Ihrer Tauben in bester Ordnung ist, kann durch eine Steigerung der Dosis von vorbeugenden Arzneimitteln keine Wirkung erzielt werden. Die Erhöhung der Arzneimittelgaben bringt in diesem Fall eher eine Belastung der Tiere. Man muß im wesentlichen abwarten können, bis das Optimum der individuellen Leistungskurve erreicht ist. Vielfach kann man bei diesen Tauben sogar die verabreichte Arzneimittelmenge reduzieren und eine langsame Erhöhung bei stärker werdender Beanspruchung während der Reisesaison vornehmen. Ein zu hohes Angebot an Vitaminen würde außerdem eine verfrühte Mauser auslösen.

Verkrachter Flug

■ **Anfrage:**
Was kann ich nach einem verkrachten Flug unternehmen? Die Leistung war bisher gut.

Antwort:
In diesem Fall ist vor allem die Infektionsabwehr wichtig. Am besten ist die Verabreichung von MYCOSAN-T und CHLORTETRACYCLIN-PLUS in mittlerer Dosierung (1 Beutel/5 Liter Wasser) über 2 Tage, z. B. Montag und Dienstag. Am Donnerstag und Freitag wird VITIN verabreicht. Spätheimkehrer erhalten 1 Kapsel MYCOSAN-T oder CHLORTETRACYCLIN-PLUS pro Tag über 2 Tage. Tiere, die durch diese Behandlung bis zum nächsten Wochenende nicht mehr in Form kommen, sollten einen Flug aussetzen.

4

Vorbeuge Brieftauben

Warmes Wetter

■ **Anfrage:**
Bei den ersten Flügen konnten hervorragende Ergebnisse erzielt werden. Letztes Mal kam es bei warmem, schwülem Wetter zu einem Leistungseinbruch. Die Vorbereitung zu diesem Flug erfolgte schon bei warmem Wetter, das Vorbeugeprogramm wurde gleichmäßig durchgeführt, die Vitamingaben wurden in mittlerer Dosierung verabreicht und nicht erhöht. Was ist die Ursache für diesen plötzlichen Leistungseinbruch?

Antwort:
Da die Tauben das Trinkwasser mit der Vitaminierung schon bei warmem Wetter bekommen haben, handelt es sich um eine indirekte Erhöhung der Vitamindosis. Bei warmem Wetter nehmen die Tauben wesentlich mehr Trinkwasser und damit auch die enthaltenen Vitamine verstärkt auf. Diese erhöhte Vitaminzufuhr bewirkt, besonders bei warmem Wetter, daß die Tiere durstiger werden. Ferner wird der Stoffwechsel belastet. Im Extremfall unterbrechen die Tauben zur Wasseraufnahme den Flug und verlieren damit viel Zeit.

Zur Wiederherstellung der Kräfte und zur Auffüllung der Körperreserven wird nach dem Flug ausreichend MULTIVITAMIN-PLUS und CHEVI-FIT angeboten. Bei der Verabreichung von Vitaminpräparaten vor dem Flug, insbesondere mit hohem Anteil an Vitamin A, ist Vorsicht geboten. Bei der Berechnung der Dosis ist davon auszugehen, daß alle Angaben zur Dosierung so bemessen sind, daß 20 Tauben durchschnittlich 1 Liter Wasser pro Tag trinken. Die Mehraufnahme bei warmem Wetter ist durch eine Reduzierung der Vitaminkonzentration in der Tränke auszugleichen.

Schnupfen in der Reise

■ **Anfrage:**
Während der Reise wurde ein Ausbruch von Schnupfen festgestellt. Kann die Reise weitergeführt werden und welche Behandlung ist vorzunehmen?

Antwort:
Die sichtbar erkrankten Tiere werden sofort ausgesondert und 2 Tage mit TYLOSIN-PLUS sowie 5 Tage mit CHLORTETRACYCLIN-PLUS (jeweils 1 Beutel/2 Liter Wasser) behandelt. Nach einer 2-tägigen Pause wird nochmals über 5 Tage CHLORTETRACYCLIN-PLUS (1 Beutel/2 Liter Wasser) verabreicht. Diese Tauben müssen beim nächsten Flug aussetzen.

Vorbeuge Brieftauben

Die noch gesund erscheinenden Tiere werden 2 Tage mit CHLOR-TETRACYCLIN-PLUS (1 Beutel/2 Liter Wasser) behandelt. Wichtig ist die gute Beobachtung der Tauben, wobei krankheitsverdächtige Tiere nicht eingekorbt werden dürfen.

Leberschaden durch Medikamente

■ **Anfrage:**
Ich bin mit Ihrem Reiseprogramm bisher gut gereist. Bei der Sektion einer Taube wurde eine Leberschädigung festgestellt. Kann diese Erkrankung vom ständigen Einsatz von MYCOSAN-T während der Reise kommen?

Antwort:
Nach unseren Beobachtungen ist eine Schädigung der Leber durch MYCOSAN-T auszuschließen. In den 15 Jahren, in denen wir das Medikament einsetzen, haben wir nie dahingehende Probleme gehabt. Eine Schädigung der Leber ist durch zahlreiche Faktoren möglich. Wenn MYCOSAN-T nach den Vorschriften unseres Programms (siehe Abbildung 97) vorsichtig eingesetzt wird, werden bestimmte Erkrankungen verhindert (Ornithose, Ansteckender Schnupfen, Trichomoniasis, Salmonellose), welche die Leber als Spätfolge schädigen.
Ein Leistungsabfall ist auch bei langjähriger Anwendung des Medikamentes nicht zu beobachten. In den von uns kontrollierten Beständen sind keinerlei negative Einflüsse auf Gesundheit und Leistung der Tauben aufgetreten.

Frühzeitige Mauser

■ **Anfrage:**
Beim Einsatz von MYCOSAN-T kam es bei meinen Tieren zu einer verfrühten Mauser. In den Endflügen konnte nicht mehr gesetzt werden. Wo liegen die Ursachen?

Antwort:
Sicher wurde die Konzentration von MYCOSAN-T zu hoch gewählt. Die enthaltene Arsanilsäure fördert die Blutbildung, was neben der Kräftigung der Tiere gleichzeitig eine Beschleunigung der Mauser bewirkt. Die zügige und schnelle Mauser ist ein Zeichen von bester Gesundheit der Tiere. Um die Mauser nicht zu früh, also noch während der Reise, auszulösen, sollte die Dosierung von MYCOSAN-T reduziert werden. Die Mengen, die eingesetzt werden können, ohne eine verfrühte Mauser auszulösen, sind in Abbildung 97 aufgeführt.

4 Vorbeugeplan Brieftauben

Wir verfahren derzeit bei den von uns betreuten Brieftaubenbeständen nach folgendem Vorbeugeplan:

Winter/Ruhezeit

Zeitpunkt	Begründung	Maßnahme
Nach Beendigung der Mauser	Die Tiere benötigen eine Ruhepause, um sie kurz vor der Anpaarung wieder anregen zu können	Knappe Fütterung; keine aufputschenden Futtermittel (z. B. Sämereien) und keine anregenden Medikamente verabreichen
Während der gesamten Ruhezeit	Die Vitaminversorgung muß gesichert sein, um einer Unterversorgung durch die knappe Fütterung vorzubeugen	Jede zweite Woche MULTIVITAMIN-PLUS (2 Tage lang 1 Beutel/5 Liter Wasser) oder 1 mal wöchentlich VITIN (1 Teelöffel/2 Liter Wasser) an alle Bestandstiere
Tierärztliche Maßnahmen während der Ruhezeit	Kotuntersuchung auf Salmonellen, da oft eine stumme Infektion vorliegt	Bei positivem Befund Bestand behandeln (siehe Seite 31)
	Kotuntersuchung auf Kokzidien, da sehr häufig eine stumme Infektion vorliegt	Nur bei mittel- und hochgradigem Befall behandeln (siehe Seite 70)
	Auf Wurmbefall achten, da dieser erhebliche Störungen verursachen kann	1. Vorsorgeentwurmung aller Bestandstiere 4 Wochen vor der Anpaarung mit ASCAPILLA (siehe Seite 76)
	In Gegenden, in denen Pocken regelmäßig auftreten, ist die Gefahr einer Infektion besonders groß	Pockenschutzimpfung aller Bestandstiere im zeitigen Frühjahr; Schutzwirkung für 1 Jahr (siehe Seite 58)

4

Vorbeugeplan Brieftauben

	Bei den zahlreichen Kontaktmöglichkeiten mit anderen Brieftaubenbeständen ist die Gefahr einer Infektion mit dem Paramyxovirus groß. Besonders für die Reisezeit muß ein ausreichender Schutz gewährleistet sein	Schutzimpfung aller Bestandstiere gegen Paramyxovirose; 1. Impfung 4 Wochen vor der Anpaarung und Wiederholung nach spätestens 6 Monaten; in gefährdeten Gegenden alle 4 Monate wiederholen (siehe Seite 65)
Alle 4–8 Wochen während der Ruhezeit	Auf Außenparasiten (Milben, Zecken, Federlinge) achten, da neben der Federqualität auch die Gesundheit der Tauben leiden kann	Vorsorgliche Bekämpfung der Parasiten am Tier und in der Umwelt (siehe Seite 82)

Anpaarung/Aufzucht

Zeitpunkt	Begründung	Maßnahme
2 Wochen vor der Anpaarung	Zur Förderung der Leistungsfähigkeit und zur Belebung der Anpaarungsfreudigkeit	Über 3 Tage MYCOSAN-T (1 Beutel/3 Liter Wasser oder 1 Kapsel/Tier und Tag) an alle Zuchttiere
Vor jeder Brutperiode	Küken sind auch gegen geringgradigen Befall mit Außenparasiten zu schützen	Nistschalen mit INSEKT-PUDER einstäuben
Während der ersten Brutphase	In Beständen, in denen der „Gelbe Knopf" regelmäßig Schwierigkeiten bereitet, müssen die Erreger in den Elterntieren reduziert werden	Über 5 Tage GABBROCOL (1 Beutel/2 Liter Wasser) an alle Bestandstiere
2–3 Tage vor dem Schlupf	Die Trichomonaden müssen in den Zuchttieren vorübergehend ausgemerzt oder stark reduziert werden, damit die Jungen mit einer langsam steigenden Erregerzahl in Kontakt kommen und eine eigene Körperabwehr aufbauen können	Einmal GABBROCOL (1 Kapsel/Tier)

Vorbeugeplan Brieftauben

Während der Aufzucht	Zur besseren Entwicklung der Jungtiere und zur Verhinderung von Infektionskrankheiten	Von Woche zu Woche wechselnd an 1 Tag der Woche MYCOSAN-T (1 Beutel/3 Liter Wasser) und VITIN (1 Teelöffel/1 Liter Wasser) an die Elterntiere und Jungtauben
Nach dem Absetzen der Jungen	Zur Infektionsabwehr und zur Stärkung der körpereigenen Abwehr bei den Jungtauben in einer besonders kritischen Phase	Über 3 Tage CHLORTETRACYCLIN-PLUS oder LIVIFERM (1 Kapsel/Tier und Tag) an alle abgesetzten Jungtauben
4–5 Wochen nach dem Absetzen der Jungen	Wurmbefall verursacht insbesondere bei den Jungtauben oft erhebliche Störungen	Vorsorgeentwurmung der Jungtauben mit ASCAPILLA (siehe Seite 76)

Reisezeit

Zeitpunkt	Begründung	Maßnahme
Kurz vor Beginn der Reisezeit	In Problembeständen, in denen der „Gelbe Knopf" verstärkt auftritt, müssen die Trichomonaden eingedämmt werden	Über 3 Tage CHLORTETRACYCLIN-PLUS oder LIVIFERM (1 Kapsel/Tier und Tag) an alle abgesetzten Jungtauben
Während der gesamten Reisezeit	Beim Flug stauen sich durch die starke und andauernde Muskeltätigkeit die Abbauprodukte des Muskelstoffwechsels; gleichzeitig können die Tauben während des Transportes nur unregelmäßig und ungenügend Wasser aufnehmen und scheiden beim Flug noch Wasser über die ausgeatmete Luft aus, wodurch die Körpersäfte eingedickt werden. Da vom Ende des Wettfluges bis zum erneuten Ein-	Am Rückkehrtag MULTIVITAMIN-PLUS und CHEVIFIT oder LIVIFERM verabreichen; genauer Anwendungsplan siehe Seite 95

Vorbeugeplan Brieftauben

	korben nur die kurze Zeit von 5 Tagen bleibt, muß die Ausscheidung und Entgiftung des Körpers unterstützt werden. Gleichzeitig müssen Vitamine und lebenswichtige Aminosäuren (Methionin, Lysin) zur Auffüllung der verbrauchten Reserven und zur Stärkung der körpereigenen Abwehr eingesetzt werden	
	Besonders gefährdet sind die Tauben in der Reise durch den ansteckenden Schnupfen	Am Tag der Rückkehr und nach anstrengenden Flügen auch noch am 2. Tag nach der Rückkehr MYCOSAN-T oder CHLORTETRACYCLIN-PLUS verabreichen; genauer Anwendungsplan (siehe Seite 95)
	Steigerung der Vitalität und der Leistung vor dem nächsten Flug mit natürlichen Wirkstoffen und Vitaminen aus Hefe und Weizenkeimen	1–2 Tage vor dem Flug VITIN, dessen Verabreichung selbst noch 2 Stunden vor dem Einkorben möglich ist; in besonderen Fällen MULTIVITAMIN EB 12 einsetzen; genauer Anwendungsplan (siehe Seite 95)
	Die Fütterung während der 5 Ruhetage zwischen 2 Flügen muß der erneuten Aufbauphase des Körpers angepaßt werden	Leistungsgerechte Fütterung: Diätfutter am Rückkehrtag bis hin zum energiereichen Leistungsfutter vor dem Einkorben
Nach Abschluß der Reise, rechtzeitig **vor** der Hauptmauser – in der Hauptmauser keine Entwurmung vornehmen	Die Gefahr einer Ansteckung mit Würmern war während der Reise besonders groß; zur Verhinderung eines sich eventuell ausbreitenden Befalls bei den durch die Mauser ohnehin schon belasteten Tieren	2. Vorsorgeentwurmung aller Bestandstiere mit ASCAPILLA (siehe Seite 76)
Nach Beendigung der Reisezeit	Zur Eindämmung der Trichomonaden in Beständen, die häufig mit dem „Gelben Knopf" zu kämpfen haben	Über 3–5 Tage GABBROCOL (1 Beutel/2 Liter Wasser) an alle Bestandstiere

Vorbeugeplan Brieftauben

	Jetzt ist der günstigste Zeitpunkt für die Auffrischungsimpfung gegen die Paramyxovirose	Schutzimpfung aller Bestandstiere gegen Paramyxovirose (siehe Seite 65)

Mauser

Zeitpunkt	Begründung	Maßnahme
Zu Beginn der Mauser	Das Ausschalten eventuell vorhandener Außenparasiten sorgt für eine reibungslose Mauser und schützt das neue Gefieder vor Befall	Vorsorgliche Bekämpfung der Parasiten am Tier und in der Umwelt (siehe Seite 82)
Während der gesamten Mauser	Zur Unterstützung des Stoffwechsels und zur Beschleunigung der Mauser sowie zur Verbesserung der Federqualität	Pro Woche an 1 Tag CHLORTETRACYCLIN-PLUS oder MYCOSAN-T (1 Beutel/3 Liter Wasser oder 1 Kapsel/Tier)
Nach Abschluß der Mauser	Zur Erhaltung der Federqualität und der Gesundheit	Vorsorgliche Bekämpfung der Parasiten am Tier und in der Umwelt (siehe Seite 82)

Ausstellung

Zeitpunkt	Begründung	Maßnahme
Vor Beginn der Ausstellungen	Zur Verbesserung der Federqualität und zur Stärkung	Einmal wöchentlich CHLORTETRACYCLIN-PLUS (1 Kapsel/Tier) an alle zur Ausstellungsbeschickung vorgesehenen Tiere
Nach jeder Ausstellung	Zur Verhinderung der Ansteckung des Bestandes, zur Bekämpfung eventuell aufgenommener Erreger im Ausstellungstier selbst und zur rascheren Erholung	Über 3 Tage FURAZOLIDON-PLUS oder CHLORTETRACYCLIN-PLUS (1 Kapsel/Tier und Tag) an alle zurückkehrenden Tiere. Dann LIVIFERM (1 Kapsel/Tier für 1 Tag)

4 Vorbeugeplan Brieftauben

Zukauf

Zeitpunkt	Begründung	Maßnahme
Am Ankunftstag im neuen Bestand	Zum Schutz des Bestandes und zur Bekämpfung von eventuell vorhandenen Erregern im Zukaufstier selbst	1. Quarantäne für 2 Wochen, Alttauben einzeln, Jungtauben zusammen mit einzelnen, nicht so wertvollen Bestandstieren
		2. Kotuntersuchung bakteriologisch und parasitologisch; nach Befund gezielte Behandlung
		3. Vorbeugende Behandlung: Über 6 Tage FURAZOLIDON-PLUS oder CHLORTETRACYCLIN-PLUS (1 Kapsel/Tier und Tag) an alle Zukaufstiere; Danach LIVIFERM (1 Kapsel/Tier)
	Die Einschleppung von Würmern in den regelmäßig entwurmten vorhandenen Bestand muß verhindert werden	Vorsorgeentwurmung aller Zukaufstiere mit ASCAPILLA (einmal 1 Kapsel/Tier)

Zugeflogene

Zeitpunkt	Begründung	Maßnahme
Am Tag des Zuflugs	Zum Schutz des Bestandes und zur Bekämpfung von eventuell vorhandenen Erregern im zugeflogenen Tier selbst	1. Quarantäne bis zur Rückgabe
		2. Vorbeugende Behandlung: Über 6 Tage FURAZOLIDON-PLUS oder CHLORTETRACYCLIN-PLUS (1 Kapsel/Tier und Tag); Danach LIVIFERM (1 Kapsel/Tier)

Literatur

Dorn P., Handbuch der Geflügelkrankheiten, Stuttgart 1971
Ebert U., Vogelkrankheiten, Zier- und Wildvögel – Behandlung, Haltung, Pflege, Hannover 1978
Fritzsche K., Gerriets E., Geflügelkrankheiten, Berlin 1962
Gratzl E., Köhler H., Spezielle Pathologie und Therapie der Geflügelkrankheiten, Stuttgart 1968
Hilbrich P., Krankheiten des Geflügels, Schwenningen 1977
Marks H., Unsere Haustauben, Wittenberg 1975
Mehner A., Hartfiel W., Handbuch der Geflügelphysiologie in 2 Teilen, Basel 1983
Müller E., Schrag L., Handbuch der Tauben, Band 2 Rassetauben, Hengersberg 1984
Quandt H.-J. et al., Die Paramyxovirus-Infektion der Tauben, Hengersberg 1984
Scheunert A., Trautmann A., Lehrbuch der Veterinärphysiologie, Berlin 1983
Schrag L. et al., Gesunde Tauben, Hengersberg 1980
Siegmann O., Kompendium der Geflügelkrankheiten, Hannover 1983
Vogel K. et al., Die Taube – Biologie, Haltung, Fütterung, Berlin (DDR) 1980
Vogel K. et al., Die Taube – Taubenkrankheiten, Hengersberg 1983

Register

Abflugreflex 60
Abklatschpräparat 44
Abmagerung 37, 38, 68, 73, 74
Absetzen 52, 90, 101
Abstrichpräparat 75
Abwehr = Abwehr, körpereigene
Abwehr, körpereigene 12, 20, 21, 22, 23, 28, 36, 37, 41, 64, 67, 68, 71, 86, 87, 89, 90, 100, 101, 102
Abwehr, spezifische 15
Abwehr, unspezifische 15
Abwehrkörper = Antikörper
Abwehrkräfte = Abwehr, körpereigene
Abwehrstoffe = Antikörper
Allgemeinerkrankung 27, 38, 55, 56, 74
Alterserscheinungen 19
Ampicillin-t 31, 34
Anpaarung 19, 52, 85, 88, 89, 99, 100
Anpaarungsfreudigkeit 52, 89, 100
Ansteckungsgefahr 26
Ansteckungsquelle 12, 13, 25, 31, 73, 78
Antibiogramm 31, 35, 53
Antibiotika 31
Antikörper 12, 29, 44, 61, 64
Ascapilla 52, 53, 75, 76, 78, 88, 90, 91, 99, 101, 102, 104
Aspergillose 10, 30
Atembeschwerden 39, 43, 44
Atemgeräusche 49
Atmungsgifte 82
Atemwegserkrankungen 22, 37, 48
Aufschwemmverfahren 74
Aufzucht 19, 20, 21, 32, 86, 87, 89, 90, 101
Aufzuchtverluste 42
Ausfallerscheinungen = Störungen, zentralnervöse
Ausmerzung 64
Außenparasiten 10, 18, 19, 64, 79, 87, 89, 90, 100, 103
Außenschmarotzer = Außenparasiten
Ausstellung 12, 17, 18, 19, 20, 26, 35, 53, 78, 86, 87, 88, 91, 103

Bakterien 10, 25, 26, 40, 42, 48, 50
Bakterienanzüchtung 29
Bauchraum 25, 39, 67
Bauchspeicheldrüse 27, 29
Behandlung, vorbeugende 20 ff., 41, 68, 85, 86, 91, 104
Beinlähme = Salmonellose
Belastungen 12, 15, 16, 18 ff., 36, 37, 48, 51, 53, 71, 85
Belastungen, unvermeidbare 18 ff.
Belastungen, vermeidbare 18 ff.
Bestandsbehandlung 31, 41, 46
Blutarmut 74, 79, 80
Blutproben 61
Blutuntersuchung, serologische 29
Blutverlust 74, 79
Blutzucker 27
Bollingersche Einschlußkörperchen 55
Brustmuskulatur 29, 33
Brutperiode 41, 89, 100

Capillaria obsignata 73
Capillaria caudinflata 73
Chemotherapeutika 31
Chevi-45 32, 34, 46, 47, 57, 58, 64, 65
Chevi-75 69, 70, 76, 77
Chevifit 65, 94, 95, 97, 101
Chevitren 80, 81, 82, 83, 87
Chevivac 64, 65
Chlamydien 42 ff., 48, 49
Chloramphenicol-Plus 31, 34
Chlortetracyclin-Plus 46, 47, 52, 53, 56, 57, 58, 65, 86, 87, 90, 91, 94, 95, 96, 97, 101, 102, 103, 104
Coli-Infektion 68

Dauerausscheider 25, 28, 32, 35, 73
Darmentzündung 67
Darmparasitenbefall 37
Darmschleimhaut 75
Darmwand 27
Deckfedern 43
Desinfektion 32, 34, 46, 53, 57, 58, 64, 65, 69, 77
Diätfutter 102
Dottersack 29
Dünndarm 74
Durchbruch, der Infektion 37, 48
Durchfall 27, 37, 38, 62, 63, 67, 68
Durchseuchung 56, 58
DVG-Liste 77

Eier, infizierte 13, 25
Eierstock 26
Eileiterentzündung 29
Eimeria columbae 68
Eimeria columbarum 68
Eimeria labbeana 68
Einkorben 95, 102
Einstreu 64, 65
Eintrittspforte 55
Einzelkotprobe 32, 35
Einzeltieranwendung 32, 56, 76
Eitererreger 42, 55
Eiweiß, körpereigenes = Muskelgewebe
Elektrolyte 64, 94
Elementarkörperchen 44
Empfänglichkeit 14
Empfindlichkeitsprüfung = Antibiogramm
Entkräftung 38, 68
Entwurmung 52, 53, 75, 76, 77, 102, 104
Erbfehler = Erbkrankheit
Erbkrankheit 9, 10
Erkrankung, infektiöse = Infektionskrankheit
Erblindung 42
Erregernachweis 29, 30
Erregerzahl 37
Erstickungstod 55

Faktoren, abwehrschwächende 48
Faktoren, belastende = Belastungen
Faktoren, infektiöse 9, 10, 85
Faktoren, nichtinfektiöse 9, 10, 85
Faktorenerkrankung 10, 16 ff., 48, 50, 51, 93
Federausfall 81
Federbildung, mangelhafte 79, 81
Federlinge 19, 79, 81, 89, 100
Federpuder 79, 81
Federqualität 52, 53, 86, 87, 89, 90, 91, 100, 103
Federschub, erster 37
Fettleber 43
Fettreserven 27
Flagellat = Geißeltierchen
Fliegen 60
Flug, leichter 95
Flug, mittelschwerer 95
Flug, schwerer 95
Flug, verkrachter 94, 96
Flügellähme = Salmonellose
Fraßlöcher, in den Federn 79, 81
Freiflug 63, 71
Fruchtbarkeitsstörung 10
Fütterung, knappe 88, 99
Fütterungsfehler 10, 18
Furazolidon-Plus 31, 34, 35, 53, 91, 103, 104
Fußgelenksentzündung 26
Futter, verunreinigtes 26, 42
Futteraufnahme, behinderte 39, 60, 61
Futterbestandteile, unverdaute 27
Futtermittel, aufputschende 88, 99
Futterreste 64, 65, 69
Futterverzehr, verminderter 37, 42

Gabbrocol 40, 41, 52, 89, 90, 100, 101, 102
Gefieder, aufgeplustertes 25, 37, 38, 67
Gefiederqualität = Federqualität
Geflügelpest, atypische 60
Gehbeschwerden 81
Geißel 25
Geißeltierchen 36
Gelber Knopf = Trichomoniasis
Gelenkentzündung 27
Gelenkflüssigkeit 27
Gelenkhautentzündung 27
Gelenkverdickung 30
Geschwulst 38
Gewichtsverlust 74
Gicht 10, 30
Giftstoffe 43
Gitterrost 71
Gleichgewichtsstörungen 27, 30, 59
Grannen 37
Grit 47

Haarwurmbefall 19, 30, 52, 68, 72 ff., 88, 90, 99
Haltungsfehler 10, 18
Hauptmauser 77, 90, 102
Harnsäurekristalle 26, 30

Haustauben, verwilderte 26, 35
Hautschuppen 79, 81
Hautwucherungen 39, 54, 56
Hemmhof 31
Herde, nekrotische 29
Herpesviren 48, 50
Herzbeutelentzündung 44
Herzfehler 43
Hochleistung 93
Hoden 29
Honig 94
Hornhauttrübung 42
Hühnerei, bebrütetes 55
Hungergefühl 33
Hungertod 55

Immunität 12, 22, 73
Immunitätslage 68
Impfschicht 31
Infektion, aerogene 26
Infektion, bakterielle 31, 42, 62
Infektion, kongenitale 26
Infektion, orale 28
Infektion, ovarielle 26
Infektion, stumme 11, 12, 13, 17, 18, 20, 25, 28, 88, 99
Infektion, verborgene = Infektion, stumme
Infektion, zusätzliche = Zusatzinfektion
Infektionsabwehr 52, 90, 94, 96
Infektionsdruck 14, 21, 37, 85
Infektionsimmunität 67
Infektionskrankheit 9, 10, 85, 90, 101
Infektionsquelle = Ansteckungsquelle
Infektionsweg, direkter 13
Infektionsweg, indirekter 13
Infektionszyklus 69
Inkubationsphase 64
Innenparasiten 10, 19
Ins-15 80, 82, 83
Insekten 60, 79
Insekt-Puder 82, 83, 89, 100

Jodlösung 56
Jodtinktur 57
Juckreiz 43, 81
Jungtaubenflüge 65

Kabinenexpress 26, 78
Kalkbeinmilbe 79, 81
Keimträger 31
Keratin 73
Kloake 73
Knochenbrüche 10, 30
Körnerfutter 67
Körperabwehr = Abwehr, körpereigene
Körperfett 94
Körperhaltung 60
Körperräudemilbe 79, 81
Körperreserven 27, 94, 97
Körpersalze = Elektrolyte

Körperverfassung 20 ff., 86, 87, 94
Kokzidien 19, 66 ff., 88, 99
Kokzidiose 30, 51, 62, 64, 66 ff., 75
Kokzidiose, subklinische 67
Kokzidiose, symptomlose = Kokzidiose, subklinische
Komplementbindungsreaktion 44
Kondition 53, 93
Kot 25, 26, 27, 32, 42, 48, 59, 60, 62, 64, 65, 66, 67, 69, 77
Kotproben 32
Kotuntersuchung, bakterielle 29, 30, 34, 35, 53, 67, 88, 91, 99, 104
Kotuntersuchung, bakteriologische = Kotuntersuchung, bakterielle
Kotuntersuchung, parasitologische 67, 74, 75, 88, 91, 99, 104
Krankheit 9, 11
Krankheit, nichtinfektiöse 9
Krankheit, schleichende 66
Krankheitsbereitschaft 10, 14, 15
Krankheitsrisiko 18, 86
Kropfausstrich 38
Kropfmilch 25, 37, 42, 67
Kümmern 28
Kunstdünger 10
Kurzatmigkeit 27
Kurzstrecken 93

Lähmungen 27, 60, 74
Langstrecken 93
Larve 73
Lebendimpfstoff 58
Leber 27, 38, 39, 43, 44
Leberentzündung 74
Leberfellentzündung 45
Leberschädigung 59
Leberschwellung 74
Lebhaftigkeit, nachlassende 42, 74
Legedarm 26
Leistungsabfall 42, 98
Leistungseinbruch 97
Leistungsfähigkeit 52, 77, 89, 100
Leistungsfutter 102
Leistungskurve, individuelle 93, 96
Leistungsoptimum 93
Leistungsvermögen, individuelles 93, 94
Lidbindehautentzündung 42, 43, 44, 45, 50
Liviferm 31, 34, 35, 46, 47, 63 ff., 69, 70, 76, 77, 90, 91, 94, 95, 101, 103, 104
Luftröhre 39, 49, 55
Luftsackentzündung 43, 50
Luftsäcke 42, 44, 49, 51
Luftwege 49, 50
Lunge 29, 42, 49
Lungenentzündung 43, 50

Mäuse 35, 60
Makrogameten 67
Mangelerscheinungen 10, 74
Mattigkeit 68

Mauser 17, 18, 19, 20, 53, 85, 86, 87, 90, 99, 103
Mauser, frühzeitige 98
Medikamente, anregende 88, 99
Medizinalfutter 40, 69
Merozoiten 67
Metaphylaxe = Behandlung, vorbeugende
Mikrogameten 67
Milben 10, 19, 79, 89, 100
Mineralstoffe 94
Mischinfektion 50
Mißbildung 10
Mücken 60
Multivitamin EB-12 31, 34, 95, 102
Multivitamin-Plus 88, 95, 97, 99, 101
Muschelkalk 47
Muskelgewebe 27
Mycoplasmen 19, 43, 44, 48, 50
Mycoplasmose-Infektion 18
Mycosan-t 52, 53, 56, 57, 58, 69, 70, 76, 77, 89, 90, 95, 96, 98, 100, 101, 102, 103

Nabel 37, 38, 39
Nachbehandlung 31, 46, 57, 58, 69, 77
Nachuntersuchung 34
Nackenhaut 31, 46, 56, 57, 65
Nährstoffentzug 74
Nasenausfluß 43, 49
Nasendach 49
Nasenhöhle 55
Nasenkatarrh 43
Nasensekret 54
Nasenwarzen 43, 49
Naßreinigung 77, 83
Nebenwirkungen 76
Nervenzellen 27
Nestlinge 37, 77, 79
Newcadin 64
Newcastle-Disease = Geflügelpest, atypische
Nistschalen 37, 38, 82, 89, 100
Notimpfung 57, 58, 64, 65

Oozysten 66 ff.
Organgewebe 29, 38, 39
Organveränderungen 27, 29, 38
Ornithose 30, 36, 42 ff., 48, 50, 51, 64, 98
Oxytetracyclin-t 31, 34, 46, 47

Papageienkrankheit = Psittakose
Paramyxovirose 19, 22, 30, 51, 59 ff., 66, 85, 89, 91, 100, 103
Paramyxovirus 22, 60 ff., 89, 100
Parasitenbefall 26, 65, 79
Paratyphus = Salmonellose
Pathogenität 14, 15
Pickwunden 56
Pilze 10
Pocken 10, 19, 54 ff., 85, 88, 99
Pocken, Schleimhautform 39, 54
Pockenimpfstoff 57, 58
Pockenschutzimpfung 58, 88, 99

107

Pockenviren = Taubenpockenviren
Poren, Eischale 26
Prophylaxe = Vorbeuge
Protozoen 10, 36, 67
Psittakose 42

Quarantäne 91, 104

Rachen 38, 49, 55, 76
Rachenentzündung 48
Rachenschleim 36, 38, 42
Rachitis 10
Ratten 35, 60
Regenwurm 73
Reifung, Oozysten = Sporulation
Reinigung 53, 64
Reise 18, 19, 23, 53, 93, 96, 101
Reisetaubenschnupfen = Schnupfen, ansteckender
Resistenz 31
Resistenzprüfung = Antibiogramm
Resistenztest = Antibiogramm
Rickettsien 42
Röchelschnupfen 43
Rücken, hochgezogener 25, 67
Rückkehrtag 53, 94, 95
Ruhezeit 88, 99
Rundwürmer 72

Sämereien 88, 94
Salmonellen 12, 13, 19, 25 ff., 52, 62, 88, 99
Salmonellose 10, 13, 18, 22, 25 ff., 37, 38, 39, 51, 53, 62, 64, 65, 66, 67, 68, 75, 98
Salmonellose, akuter Verlauf 28
Salmonellose, chronischer Verlauf 28
Salmonellose, Darmform 27, 28
Salmonellose, Gelenkform 26, 27, 28
Salmonellose, nervöse Form 27
Salmonellose, Organform 27, 28
Salmonellose, septikämischer Verlauf 28
Salmosan-t 31, 34, 56, 57
Sammelkotprobe 32, 35
Saugnäpfe 73
Schizonten 67
Schlagklima 47
Schlund 39, 55
Schlupf 37, 41, 89, 100
Schmarotzer 79
Schnabelhöhle 49
Schnabelschleim 36, 42
Schnäbeln 13, 26, 42
Schnupfen, ansteckender 18, 20, 42, 45, 46, 47, 48 ff., 53, 85, 93, 94, 97, 98, 102
Schnupfenerreger 20, 21, 22, 23, 86, 87
Schutzimpfung 22, 58, 63, 64, 65, 85, 89, 91, 100, 103
Sekundärerreger 54
Soorpilzerkrankung 56
Spätfolgen 51
Spätheimkehrer 95, 96
Speichel 25, 54

Spezialnährboden 31
Spelzen 37
Spinnentiere 79
Sporulation 71
Sporozoiten 67
Spulwurmbefall 19, 30, 52, 68, 72 ff., 88, 90, 99
Staub, erregerhaltiger 26, 42, 54, 60
Sterblichkeit, hohe 25
Störungen, zentralnervöse 60, 61, 62, 63
Stoffwechsel 17, 53, 87, 94, 97
Stoffwechselstörung 10
Stoßbehandlung 75
Streß 17, 85
Streßfaktor, belebter 16, 17, 18, 66
Streßfaktor, unbelebter 16, 17, 18
Streßfaktoren 19, 67, 68, 86
Sulfamethazin-Plus 69, 70

Tauben, zugeflogene 104
Taubenembryo 26
Taubenpocken = Pocken
Taubenpockenvirus 14, 54, 56
Taubenpockenvirus, abgeschwächtes 58
Teilnahmslosigkeit 27, 38
Tierkörperuntersuchung 29, 30, 39, 44, 50, 75
Tierversuch 44
Tränenflüssigkeit 42, 54
Tränenkanal 42
Training 94
Trichomonaden 12, 19, 20, 23, 36 ff., 85, 90, 100, 101, 102
Trichomonas columbae 36
Trichomonas gallinae 36
Trichomoniasis 10, 20, 22, 30, 36 ff., 51, 52, 55, 62, 64, 65, 66, 68, 85, 89, 98, 100, 101, 102
Trichomoniasis, Nabelform 38
Trichomoniasis, Organform 37, 38, 39
Trichomoniasis, Rachenform 37, 38, 39
Trinkwasserbehandlung 31, 32, 33, 40, 46, 56, 69, 76
Tröpfeninfektion 48
Trophozoiten 67
Tupfer 38
Tylosin-Plus 46, 47, 97

Ursachen, infektiöse = Faktoren, infektiöse
Ursachen, nichtinfektiöse = Faktoren, nichtinfektiöse

Veranlagung 93
Verdauungsbrei 27, 73
Verdauungssäfte 73
Verdauungsstörungen 37, 67
Verfassung, körperliche 14, 15, 37, 51, 52
Vergiftung 10, 30, 62, 74
Verletzung 10, 30, 37, 54, 56
Vermehrung, direkte 73
Vermehrung, indirekte 73
Vermehrung, ungeschlechtliche 67
Virämie 55

Viren 10, 42, 44
Virulenz 14, 15
Virusanzüchtung 55
Virusinfektion 56
Virusnachweis 62
Vitalität 20, 23, 86, 87
Vitamindefizit 77
Vitaminversorgung 88, 94, 96, 97, 99
Vitin 52, 53, 76, 77, 85, 87, 88, 90, 95, 96, 99, 101, 102
Vogelmilbe, rote 79, 80, 82
Vogelzecke 79, 80
Voliere 71, 78
Vorbereitung, Flüge 94
Vorbeuge, allgemein 20 ff., 85
Vorbeuge, Anpaarung/Aufzucht 89, 100
Vorbeuge, Ausstellung 91, 103
Vorbeuge, Brieftauben 92 ff.
Vorbeuge, Mauser 90, 103
Vorbeuge, Rassetauben 85 ff.
Vorbeuge, Reise 93 ff., 97, 101
Vorbeuge, Winter/Ruhezeit 88, 99
Vorbeuge, zugeflogene Tauben 104
Vorbeuge, Zukauf 91, 104
Vorbeugeplan, Brieftauben 99 ff.
Vorbeugeplan, Rassetauben 88 ff.
Vorsorgeentwurmung 78, 88, 90, 91, 99

Wachstum, vermindertes 80
Wasseraufnahme, behinderte 39
Wasseraufnahme, gesteigerte 37, 42, 60, 97
Wasseraufnahme, Verweigerung 32, 76
Wasserhaushalt, Normalisierung 94
Wechselbeziehungen 14 ff., 85
Wechselwirkungen = Wechselbeziehungen
Wettflugsystem 93
Widerstandsfähigkeit 14, 15, 18, 21, 62, 67, 68, 71, 77, 85, 86
Widerstandskraft = Widerstandsfähigkeit
Wildvögel 35, 73
Wirkstoffaufnahme 32
Wirkstoffverlust 33
Wirtstier 14, 73
Witterung 94, 95, 96
Wucherungen = Hautwucherungen
Würmer, allgemein 10, 17, 18, 20, 21, 22, 86, 87
Wurmbefall = Spul- oder Haarwurmbefall
Wurmeier 74
Wurmkur = Entwurmung

Zecken 19, 79, 82, 89, 100
Zoonose 42
Zuchtbeanspruchung 37
Zuchttiere 31, 52, 89, 100
Zukauf 18, 19, 20, 26, 53, 78, 91, 104
Zungengrund 48, 49
Zusatzinfektion 40, 64, 68, 80
Zusatzinfektion, bakterielle 56
Zwischenwirt 73